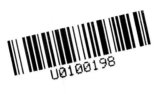

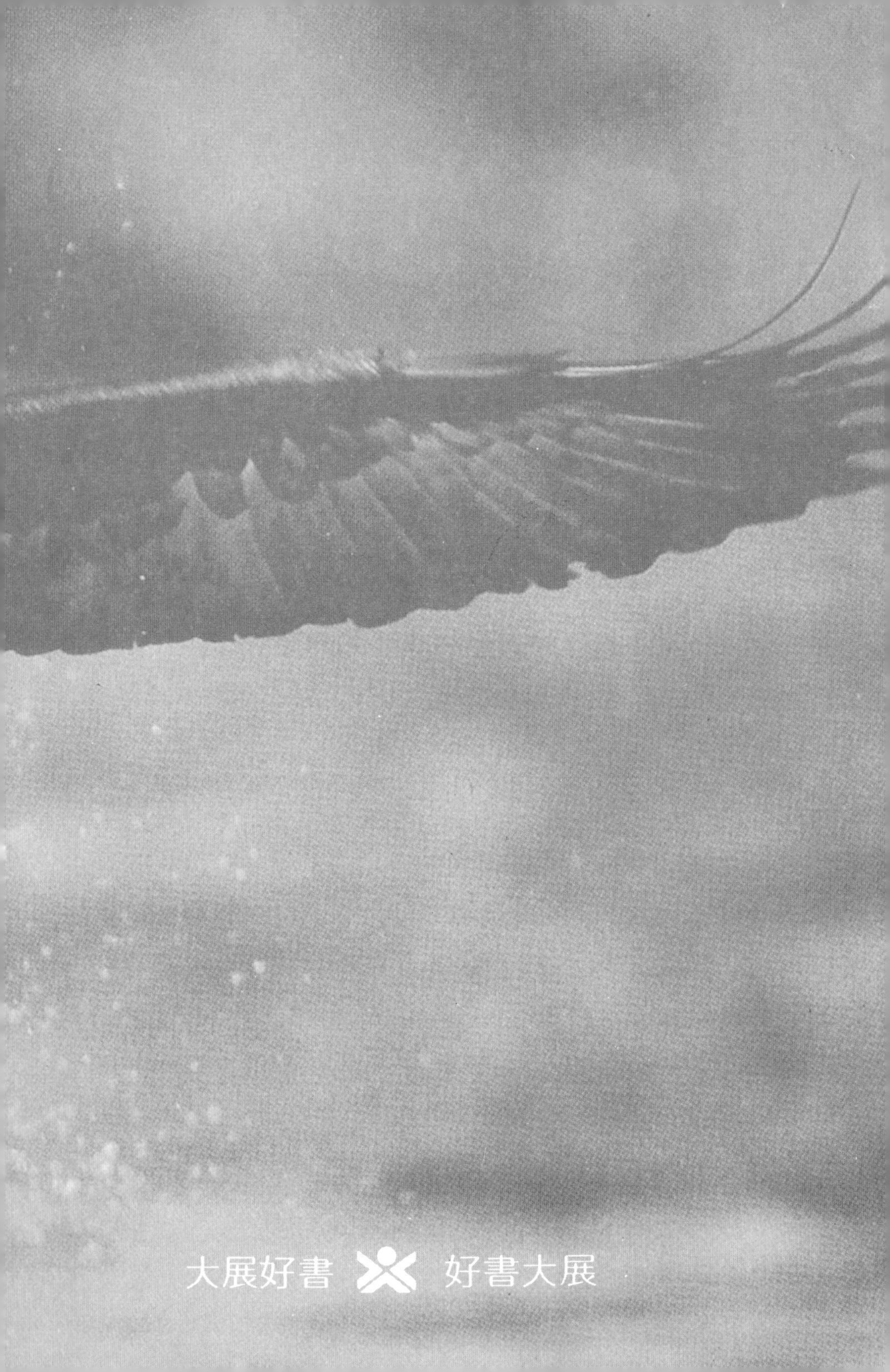
大展好書 好書大展

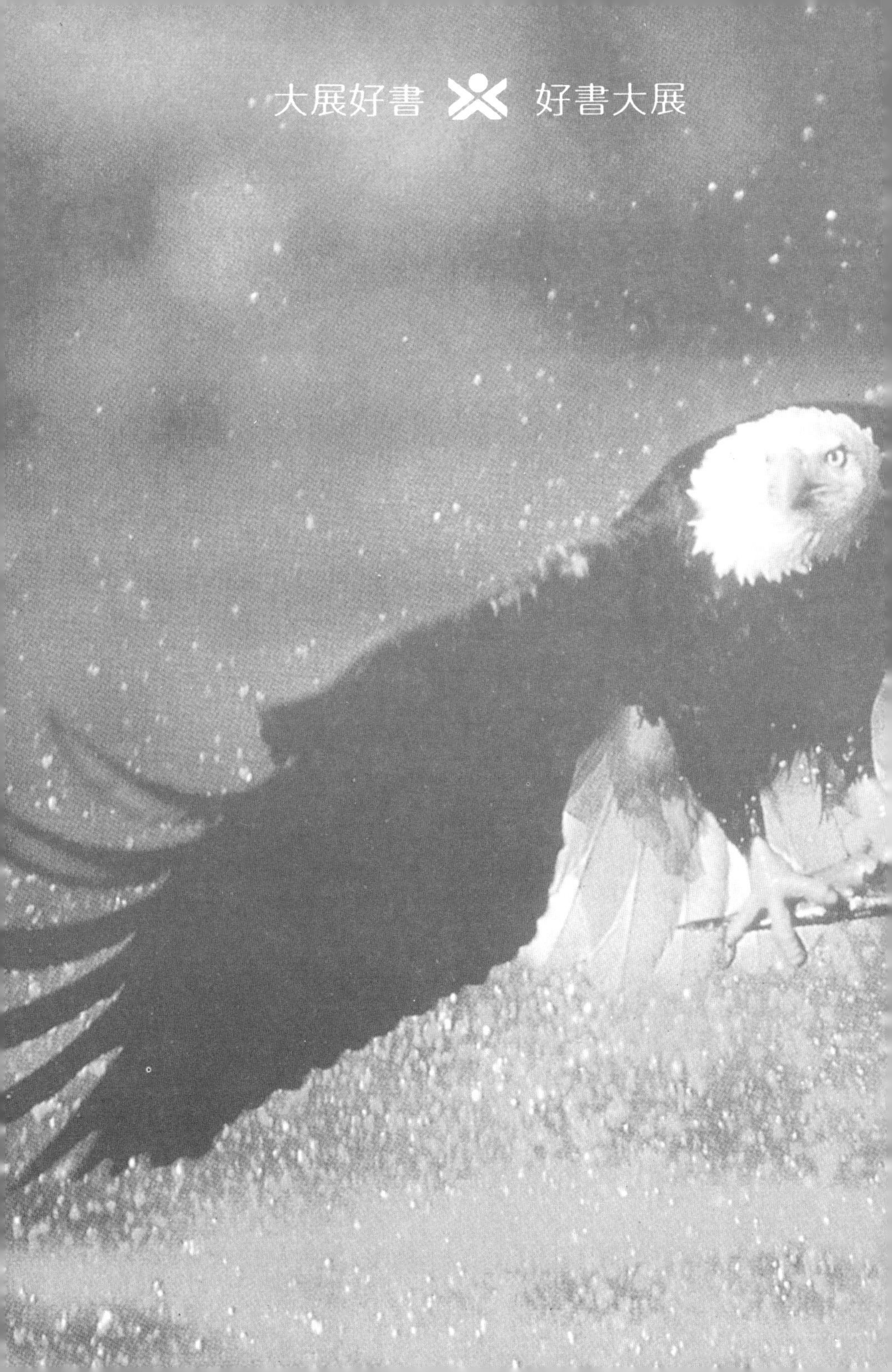
大展好書 好書大展

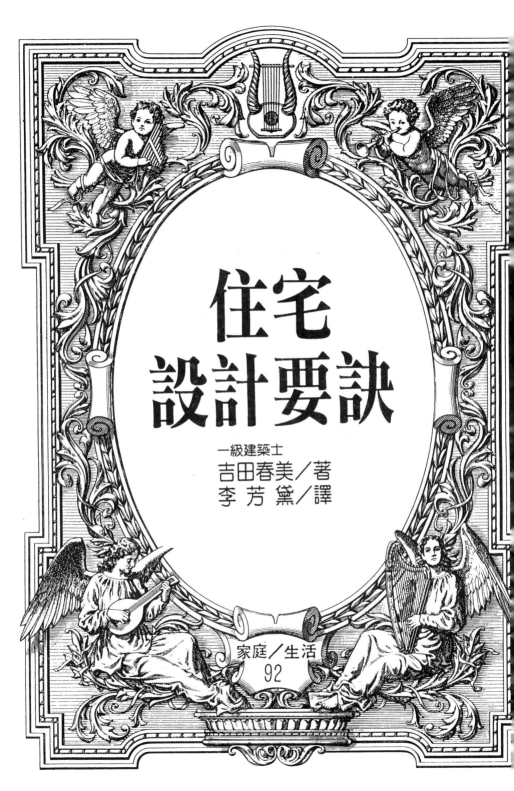

住宅
設計要訣

一級建築士
吉田春美／著
李芳黛／譯

家庭／生活
92

前言

在腹地、居住環境、資金等前提條件下，如何配合居住者需要、生活習慣、愛好等問題，設計出適合居住者使用的住宅，必須請專家協助。

這些影響居住者心情的小細節很多，我以住宅設計者的專業知識，加上居住者的意見，以及我自己親身體驗，網羅了與生活有密切關係的注意事項。

新居設計當然必須留意這些細節，舊居也有必要重新檢討得失。不可因為請了設計師，就一切全部交給設計師規畫，請居住者也發揮自主性。我想我的建議必能助你一臂之力，請各位逐項參考。

希望這些小細節的規畫能讓你的住宅設計更臻完美，也歡迎各位讀者來函提供意見。

吉田春美

目錄

第二章　浴室設計要訣

第三章　廁所設計要訣

第四章　洗臉台、脫衣室設計要訣

第五章　玄關設計要訣

第六章　走廊、樓梯設計要訣

第七章　隔間要訣

第八章　建材要訣

第九章 收藏的要訣

第十章　基礎、外圍設計要訣

第十一章 施工、設備注意要訣

第一章　廚房設計要訣

●抽風扇以前面開閉式較易清理

●流理台面以不銹鋼最好

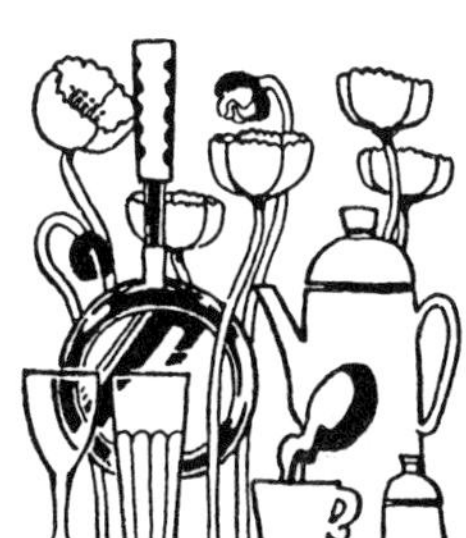

流理台前方吊櫃與眼睛齊高、往內縮最好

流理台前方吊櫃多半設計在高處，但在不妨礙工作的原則下，還是盡量降低較方便。

但專心在流理台前底頭工作的家庭主婦，往往一抬頭就會不小心撞到吊櫃，所以最好將吊櫃往流理台內縮四十公分，如此不但活動方便，取用物品也有效率。

太往內縮只能拿到較前排的物品，所以內縮程度應配合經常使用者的體格調節。

流理台上方全部設吊櫃覺得有壓迫感的人，可在流理台前方設計窗戶，從窗戶射入的光線能緩和壓迫感。

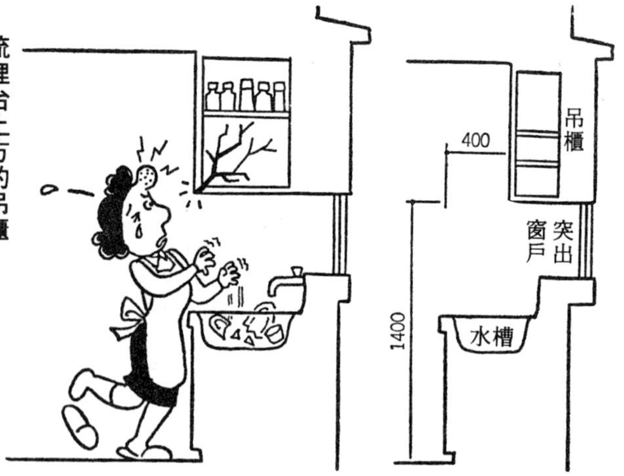

流理台上方的吊櫃不往內縮就會……

附有濾網的抽風扇節省清理時間

每位家庭主婦都有為抽風扇清理油污的辛苦經驗。光是想到將抽風扇取下來、分解、清洗……，就一個頭兩個大。節省時間的方法是附有濾網的抽風扇，只要將抽風扇室內側沾有油污的濾網取下即可。這種濾網有丟棄式，也有清洗重複使用式。丟棄式為樹脂製、玻璃棉製，重複使用式為金網狀，裝卸時很簡單，丟棄式花費大、重複使用式須花時間清洗。

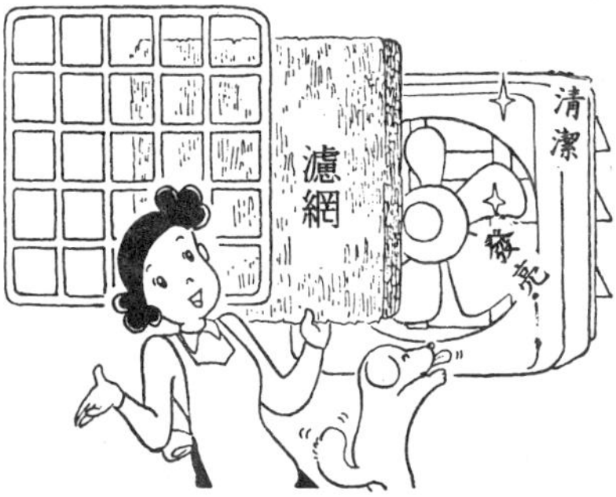

個人依狀況挑選適合種類，不過濾網清洗比一般抽風扇清洗方便多了。

怕清洗麻煩的人，請一定要使用附有濾網的抽風扇，但機體本身也應該一年拆下清洗一次。

前開式濾網較容易清理

家庭主婦最傷腦筋的就是抽風扇的清理，但只要一週擦拭一次，應可保持清潔。

但在狹窄的小洞，手伸進伸出地擦拭，實在很麻煩，身體也容易沾染油汚。

此時最佳解決方法，就是採用如圖前開式門扇，如此即可輕鬆清理。

廚房水龍頭以單把手為佳

所謂單把手水龍頭，就是用一根把手即可開水、關水的組合。

由於在廚房工作時，手上經常在沾汚魚、肉的情形下，必須開關水龍頭，此時單把手開關只

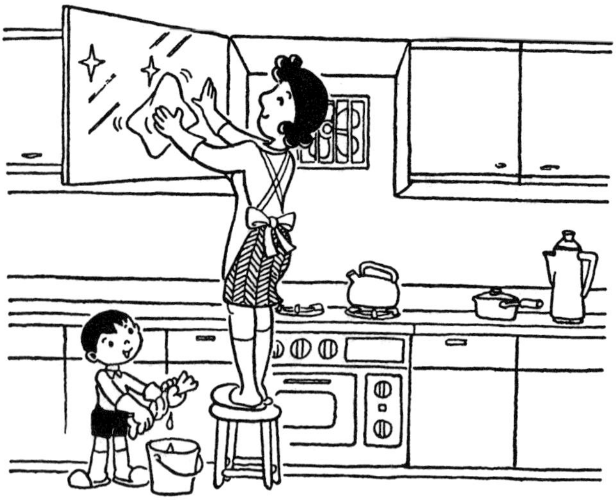

抽風扇蓋以前開式為佳

要以小指頭輕輕一碰，即可開關水流，操作方面非常自在。由於屬高性能產品，所以價位較高，但從便利角度而言，性能卻十足，而且較易操作也可節省水流。

廚房小窗戶以百葉窗為佳

廚房窗戶的外側有格子時，玻璃擦拭不易，而且一定會有死角。

此處建議各位使用百葉窗，因為百葉窗可以呈水平全開狀態，清理方便。

而且從防盜面而言，效果也比較好。百葉窗縫隙小，盜賊不易進入。

廚房抽風扇開關以在身旁為原則

抽風扇不是只裝上去就好，還得配合使用場所、目的配置開關。

尤其是瓦斯爐用的抽風扇，在烹飪進行中

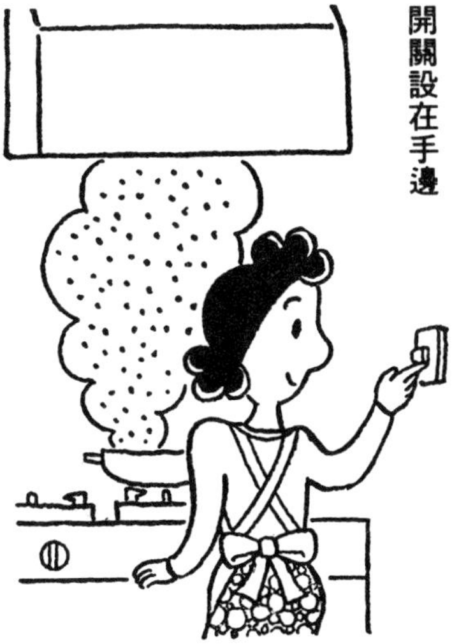

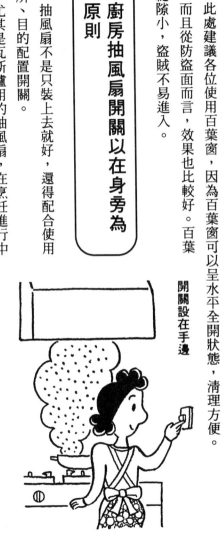

必須開關好幾次，所以開關以配置在身邊為原則。但經常看見旋轉式扭轉開關，容易沾染油污，清理不易，所以最好盡量避免這種旋轉式開關。

抽風扇開關有比較複雜的定時裝置，但一般而言使用機率不高，平常採用ＯＮ、ＯＦＦ式即可。

但浴室、廁所的抽風扇，因為離開後還必須讓它運轉一些時間，所以可以選用定時裝置。同樣是抽風扇，開關配置不當則利用價值減半。

瓦斯爐抽風扇之外另設自然換氣口

光靠爐火上一個抽風扇，無法完全將煙排出，所以靠近瓦斯爐旁的天花板附近，應另設一個抽風扇。

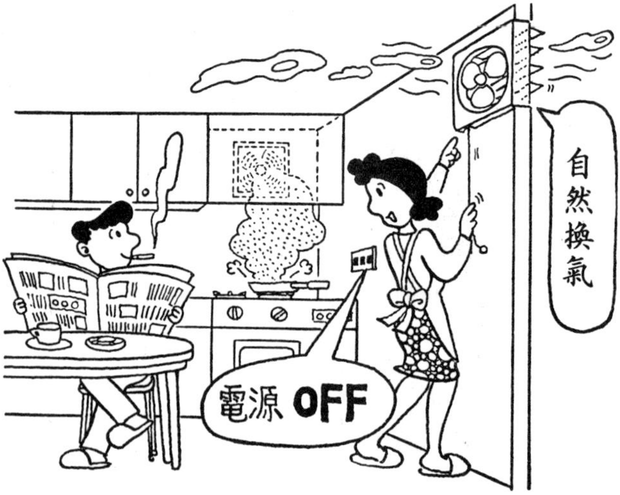

電源開關關閉時可用拉線開關

此抽風扇可以拉式開關，只要輕輕一拉，就成了廚房的自然換氣口。

廚房是水流量多的地方，此自然換氣口可一直打開使空氣流通、保持乾燥狀態。

流理台面不銹鋼為佳

廚房設備最大缺點，就是在縫隙之間有水、污物堆積，此時只要一片不銹鋼台面，就可解決一切問題，兼具美觀、作業方便雙重優點。

但現在大部分人為講究變化，多採用人造樹脂板、人造大理石等各式各樣花紋物品，使用之後才會發現不盡理想。

樹脂板表面雖然堅硬、不易割傷，但經過早晚一日復一日的使用後，總會留下許多小刮痕，以及污染的痕跡，就算用清潔劑可清理乾淨，但因為已經留下許多小刮痕，下次污物馬上就塞在裡面了，為了保持乾淨，只好一次比一次用力地刷。

人造大理石的細傷痕只要經過研磨即可消除，但沒受傷處會被咖哩等污物沾髒，沾污之後要研磨也很費力，大部分家庭都使用有黃色污點的白色人造大理石。

經過各種材料使用經驗後，聽到不少抱怨聲音，最後還是以不銹鋼製最佳。

閃閃發光的不銹鋼流理台面，也許和起居室、餐廳的整體感有些不協調，但廚房用具應

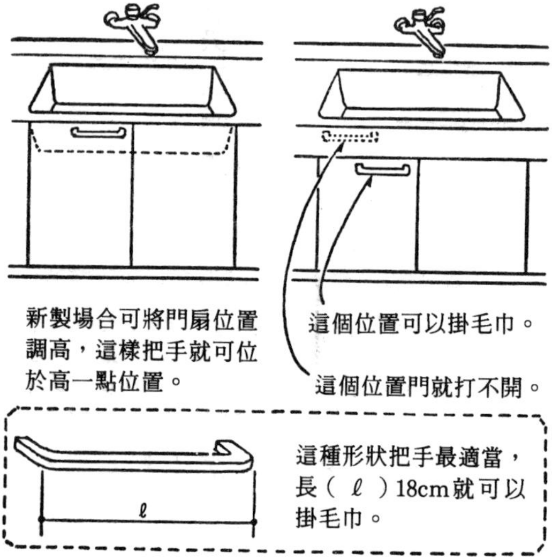

新製場合可將門扇位置調高，這樣把手就可位於高一點位置。

這種形狀把手最適當，長（ℓ）18cm就可以掛毛巾。

以機能為優先考慮，還是以不銹鋼最好。

流理台門把處兼掛毛巾最方便

在調理中往往遇到需要擦手的時候，流理台旁不可缺少一條毛巾，但掛在窗台下或流理台下，會妨礙門扇開關，非常不便。

此時將流理台門把兼掛毛巾最合適，雖然得稍微彎一下腰，但卻比掛在遠處方便多了。

如果流理台無此門把裝置，或妳自己想調整高度，都可到五金行購買長把手，長十八公分即可將毛巾對摺而掛，但必須裝置穩固。

有殘渣濾網的流理台較方便

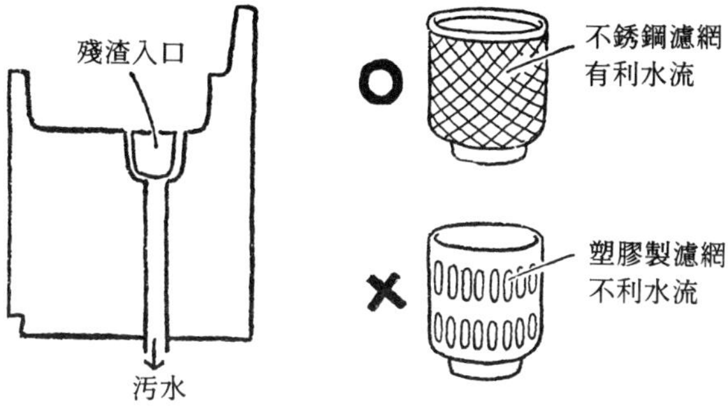

使用方法——食物殘渣裝滿後

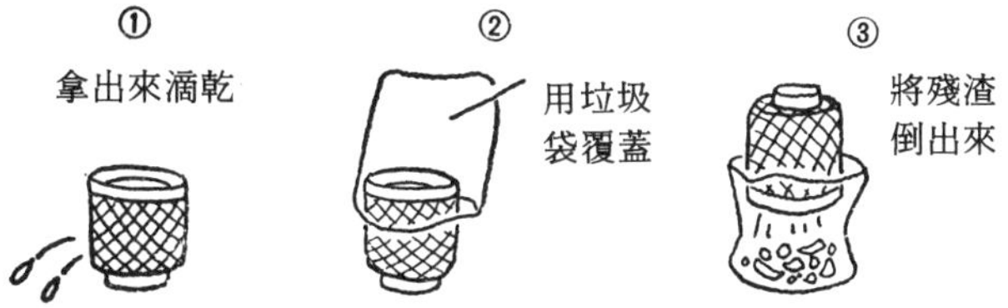

排水口濾網以不要太小洞的不銹鋼網為佳

設置在流理台水槽邊的三角形殘渣投入網，使用起來非常麻煩——將菜渣拼命塞進去，凹凸不平的設計，偶爾要清理都很費事，如果水槽水太多又會讓菜渣滿出來，散得亂七八槽，光是撿菜渣就很辛苦了。

由於這種不便體驗，使得流理台排水口濾網產生。

這是藉水流順便將殘渣沖入排水口濾網內的設計，以前對三角形殘渣網的不滿得以消除。

這種排水口濾網設計，依流理台

品牌、規格不同而稍有差異，選購時應注意尺寸。

排水口濾網不要太小。內容量至少直徑十二公分、深十五公分，太小的話在料理途中必須清理好幾次，這個尺寸以四～五位家人的量，一日清理一、二次即可。

另外是材質與形狀問題。塑膠製不及格，因為排水孔的排水量太少，排水狀況不良。不銹鋼製品在濾水方面就及格了。

比較完備的流理台組，都會有這種設計，妳只要注意使用材質即可。

在使用方便方面，不需要用水沖的殘渣，例如馬鈴薯皮，只要用紙包起來直接丟入垃圾桶內即可。如果什麼廢物都要沖入濾網中，那再大濾網也裝不夠。

為了保持清潔，最好一日清洗濾網一次，這樣就不會沾水垢，這時排水口四周也要沖乾淨，每天花幾秒鐘就可保持乾淨。

利用殘渣處理機節省搬垃圾的麻煩

處理剩餘食物製成堆肥的容器就是「殘渣處理機」。裝滿後放置三個月，就可成為土壤的肥料，所以二台一起使用較理想。

利用來當肥料的家庭，這是很方便的食物殘渣處理方法。

殘渣處理機的優點如下：
①不必搬運重垃圾桶。
②製成高品質肥料。
③減輕垃圾處理場的負擔。
④食物殘渣還原於土地，精神能得到滿足。
有人表示具備衛生條件、不長蟲，但實際上還是會生蟲，不過基於以上四大優點，殘渣處理機的利用價值還是很大。

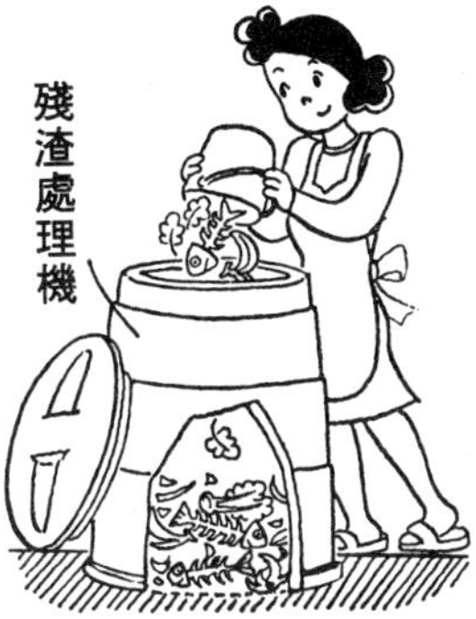

廚房地板以性能、質感均佳的軟木磚最適合

現在廚房最常使用的是乙烯樹脂地板，這是最佳防水建材，很適合廚房使用，但此材質的質感不佳，赤腳走在地板上感覺不舒服，而木製地板彈性不佳，長時間站立工作容易疲勞。

在此建議各位選用軟木地磚。軟木地磚是彈性強、耐水性佳的天然質材，雖然價格為前者的三倍，但從使用心情而言，絕對不貴。

當然，餐具掉落也可減少破損。

但軟本磚表面處理也有很多種類，若塗上耐水性最強的烏拉坦於表面，則能感與乙烯樹脂地板很相似，如此就失去軟木地磚的意義。如果在表面塗上石臘，則可保留素材質感，為最佳選擇。地板接縫會滲水，所以注意保持地板乾燥。

只要施工正確、石臘塗抹均勻，則可常保亮麗美觀，施工不必特殊道具，可以自己購買軟木磚舖設，創造美麗廚房。

瓦斯爐四周牆壁貼不可燃紙板以利清潔

浴室章將介紹容易污染污物的磁磚之上色法，但水漬仍必須定期清洗。對於廚房瓦斯爐四周的牆壁來說，保持清潔更需要下工夫，但若在牆上貼不銹鋼板、錫箔紙，又覺得不太好看。

此時若利用不可燃之紙板，則可達到容易清潔的目的，只要用清潔劑即可輕易地去除油污。

不可燃紙板種類繁多，表面無機質而可使用於室外的不可燃紙板，雖然價格較高，但使用期限很長。當然比不上磁磚華麗，但色彩多樣化，可自由選擇。

不可燃紙板貼法（①不行、②③可）

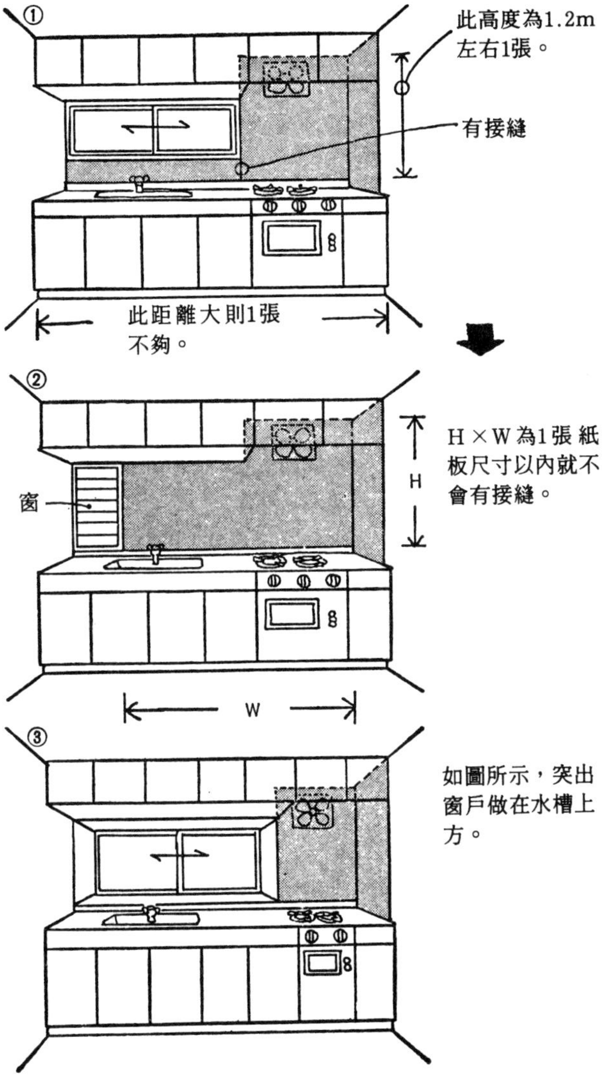
①
此高度為1.2m
左右1張。
有接縫
此距離大則1張
不夠。
②
窗
H
H×W為1張 紙
板尺寸以內就不
會有接縫。
W
③
如圖所示，突出
窗戶做在水槽上
方。

貼不可燃紙板的時候，以一面壁面貼一張為原則，接縫處不易施工是其弱點。而且接縫處容易堆積油污，清潔不易。

一般家庭廚房大小，一片牆面通常沒那麼大，只要稍微注意一下，就可不需接縫地張貼。使用於瓦斯爐四周的磁磚，通常以耐火性、耐水性、耐久性為考慮重點，而不可燃紙板在性能上與此相當，又能兼顧清洗容易，非常實用。

廚房設「延長架」可當調理台之延長活用

流理台前設置窗戶很方便，但打掃窗戶玻璃則很困難，而且就算妳想設置窗戶，也很容易因隔壁是房間而無法設窗戶。

設置窗戶可以使廚房明亮，突出去的窗戶前還可做置物架，窗台，使用非常方便，而且突出架子在打掃時輕鬆多了。

除了瓦斯爐前以外，整個流理台都可做這種突出架，可當成流理台延長使用。

設計重點要儘量低，不要太深，大約比流理台高二十公分、深三十公分，愈高深度就愈淺。延長架的質材以耐濕之人造大理石、合成樹脂板為宜，磁磚絕對不行，除了在清潔方面不容易之外，磁磚質硬，很容易使陶器製品受傷。

而且如果廚房隔壁是房間，則此延長架可設計成兩室上下立體使用，但廚房易潮濕，所以施工時一定得注意防潮設備。

這種延長架若利用錯誤，則很容易造成廚房雜亂，往往因為高度適中，所以隨手就將物品放置於此。

如此一來，就不是當成流理台的延長使用了。「延長架」之美意也減半，從這方面來看，不太會整理的人，最好還是不要做這種設計。

廚房門設置紗門以便通風

廚房的吊櫃、冰箱，餐具架等將牆壁塞得滿滿的，很難再留大窗戶，在這個時候，廚房門就是重要開口了。

廚房門要設置紗門，這樣才可以使空氣流通，確保廚房通風性。

但紗門開法就是一大問題，多半是採用與廚房門反方向打開的く字型，不過這在開關時很費工夫

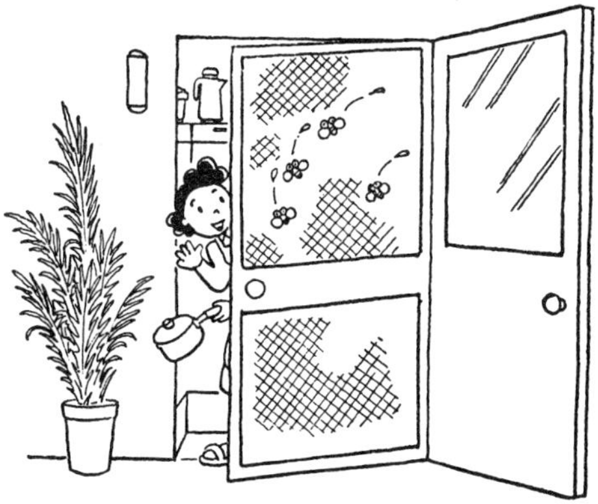

紗門也可以往外側開

，有使用不易的缺點。

建議在廚房門上加裝紗門，是指紗門與廚房門呈一體，而且紗門開關容易。只要門與紗門之間用磁鐵裝置，即可二門重疊開閉。如此一來，紗門也可向外開，不會影響狹窄的廚房。

家中也要裝火災警報器

在不特定多數人使用的大規模建築物，均必須有滅火器設備。而小規模的住家，家中充滿易燃品，所以也應有滅火設備。

尤其是家有老人、小孩的家庭，很容易因白天夫妻上班，只留老人、小孩在家，發生火災時，波及人身的例子不少，應特別留意。

萬一真有不幸發生時，以滅火器控制火源使燃燒範圍縮小是為上策，所以應裝置火災警報器，才能有效預防災害發生。

滅火器不需要配管線，只要安裝乾電池即可作用，平常應常備於家中容易拿取之處。平時不可疏於安全對策，才可有效預防災害。當然，不要用到警報器才是萬幸。

廚房旁設食品櫃，將食品集中於一處

廚房設在北側涼爽處，是保存食品的好地方，傳統設計幾乎如此。但自從對話型廚房登場後，將廚房設在南側溫暖處的住家很多，而且廚房也往往有暖氣設備，不適合食品保存。

但買回來的食品全部放入冰箱本不可能，這時在冰箱旁邊設置食品櫃最合適。食品儲存第一要件是乾燥、通風佳的陰暗場所，容量每個家庭不同，應比現在貯藏量稍大的空間為佳，空間夠的話，在拍賣時就可以多買一點，也不必擔心將廚房擺得亂七八糟。

食品儲存重點是同種類物品放在一起，新食品放在裡面、舊食品往外放。

如果同種類物品散置各處，很可能忘了什麼東西還有沒有，有規劃性的置物方式才能提高效率。

食品櫃最好緊鄰廚房

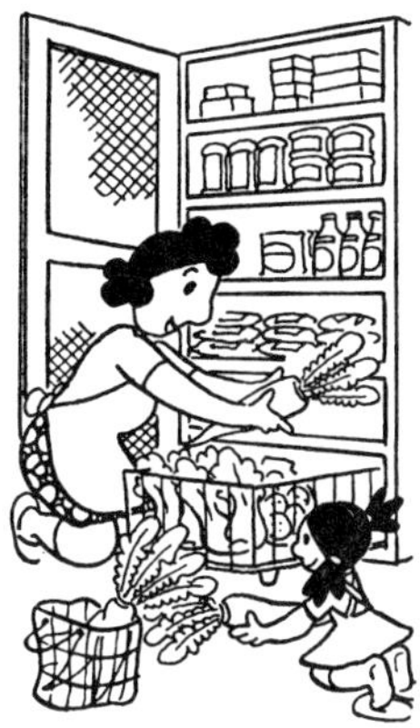

水槽上方吊櫃做上開式的門以保持整潔

常常看見各家廚房流理台水槽前擺了一堆雜物，雖然取用方便，但卻雜亂無章。

而且抹布掛在看得見的地方，即使乾淨也總覺得破壞廚房美觀。

另外，砧板應該擺在通風良好的地方，不可以收入櫃子裡，但這又和美觀條件不相符，一般家庭廚房比較重機能性，而忽略美觀要件。

諸如此類滴水架、抹布架、砧板等美觀設計，請參考圖面所示。

門扇採上開式，除了作業以外全部藏在通風良好的櫃內。門扇不可採用左右開式，否則不利作業，而且會撞到頭。

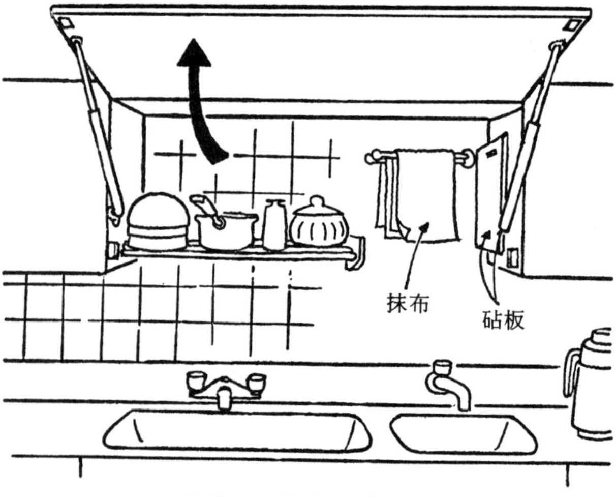

水槽上方做上開式吊櫃

鍋類、砧板尤其應該隱藏起來，才不會使廚房雜亂，從衛生面來考量，廚房用抹布使用後應使其乾燥——這應是一種習慣，但如果掛在眼前，就會重複使用濕抹布。

換言之，抹布架不設在易取處，反而容易保持清潔，更符合衛生條件。

事先決定電鍋、微波爐、烤麵包機的位置

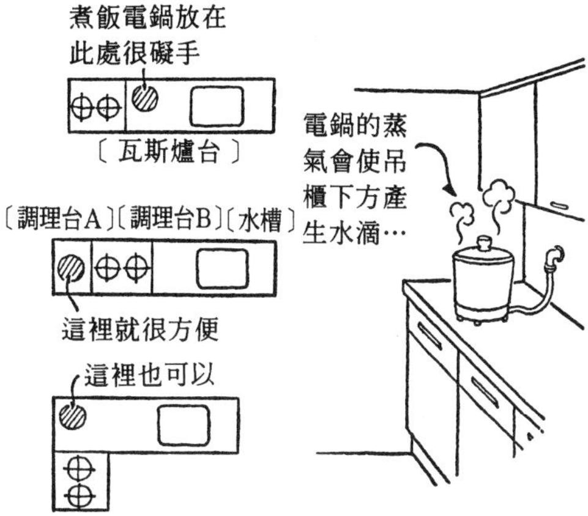
煮飯電鍋放在
此處很礙手
〔瓦斯爐台〕
〔調理台A〕〔調理台B〕〔水槽〕
這裡就很方便
這裡也可以
電鍋的蒸
氣會使吊
櫃下方產
生水滴…

最感到困擾的是電鍋放置處，大部分都是放在廚房台面的某個角落上。

電鍋放置場所應該在設計廚房時就決定，否則等廚房設計好之後，就只能隨便在流理台上找個位置擺，妨礙料理作業。

為了全盤考量，我在廚房設備排列上下很大工夫，以I字型廚房為例，順序為調理台A→瓦斯台→調理台B→水槽，電鍋就放在調理台A上。L型配置的場合，放在轉角處最適合。

如果調理台太小，就只好放在配膳台上，但電鍋

使用中一定會有蒸氣，所以應盡量靠近抽風扇。相同理由，放在吊櫃下方也不佳。另外，電鍋蓋打開時容易碰到上方吊櫃的場合應避免。

微波爐、烤麵包機的擺設位置也應該先想好，否則都會形成廚房機能、美觀上的障礙。如果在設計階段先決定。就可將電源配置在櫃內，保持廚房美觀。另外市面也有售瓦斯爐、微波爐整組裝置，可節省空間。

廚房擺一張凳子也可當踏腳台使用

在料理準備過程中，有許多作業可以坐在椅子上進行，削紅蘿蔔皮、馬鈴薯皮時、沖洗蔬果時……，凳子就成了廚房重寶。

凳子座面以五十～六十公分為佳，作業最

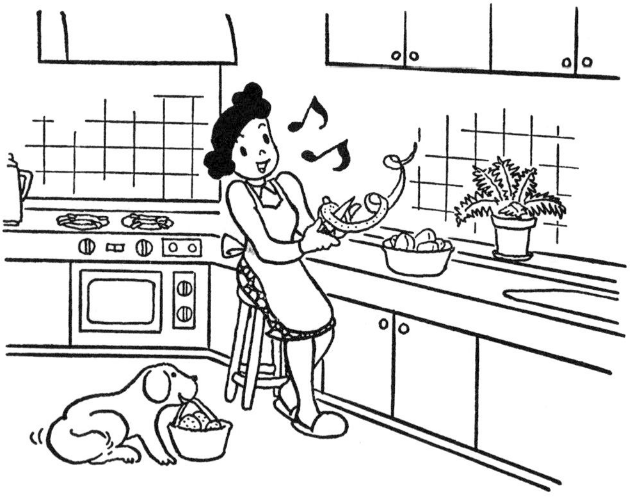

廚房擺一張椅子是至寶……

方便。但如果不在廚房作業時，凳子就成了絆腳石，所以妳不妨選擇折疊式凳子，量輕好搬運、取用收藏都方便，不會占據廚房空間。

另外廚房有些手伸不到的高吊櫃，這時一張凳子就可當踏腳台使用。

活用手推餐車當配膳台、供給台、大盆子使用

手推餐車的目的是搬運食物，但很多家庭將它用來當單純的收藏庫（台）使用。真希望各位別如此浪費，好好地活用手推餐車。

先將手推餐車使用方法整理如下：

餐飲準備中，可利用為配膳台的延長、放碗、筷、小碟等餐具運至餐桌。當移動式配膳台使用時，其容量比大盆子多好幾倍。

接下來可當餐飲中的供給台使用，飯鍋、湯鍋、調味料等，放在餐桌上占空間，放在廚房取用又不方便，這時手推餐車就派上用場了。由於它可自由移動，用餐者不必起身亦可享用。

而且置於餐桌旁，可隨時將空盤子等待洗物放入，待用完餐後再一併推至水槽清洗。它能夠部分拆卸，像個大盆子一樣，增加洗碗效率。

準備中、飲食中、飲食後，手推車移動性的利用價值均相當高，在不必移動時，手推車下段又可活用為小儲存庫，一台四用，非常方便。

手推餐車活用性大，但放置場所卻是個問題。如果將它當成是廚房配膳台使用而決定放置場所時，準備中可進行得很順利，但必須確認放置位置不會影響到抽屜、櫃子的開關，否則難得的一台手推餐車，最後也只好淪為儲存櫃了。

另外一個問題是手推餐車的構造，有些產品以設計外形為重點，經不起重物壓，所以購買之前應先確定。

還必須注意挑選各部分可拆卸者，若不能拆卸就不能當大盆子使用了。

第三個問題是，廚房餐廳地板必須是手推餐車能輕易移動者，如果餐廳與廚房之間地板有高低差，如此就會因移動不便而不想使用。

只要注意這三點，即可活用手推餐車，增加家事效能。

洗衣間以百葉門隔間可使濕氣不滯留

小住家中常見洗衣間配置在餐廳、廚房之一角，其空間狹窄、無窗，通氣性不佳，因大量使用水，使得小空間非常潮濕。

應變方法是用百葉拉門隔間，如果設計許可，也可在牆上、地面設通氣口。濕氣滯留不但降低洗衣間壽命，也降低住宅壽命。

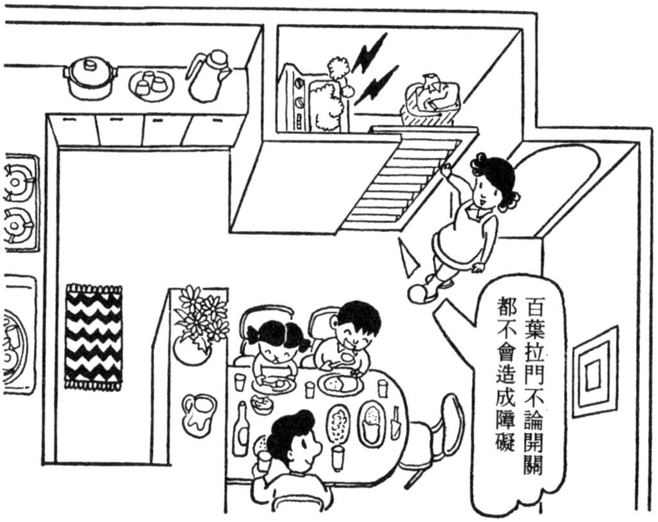

廚房水槽外設置專用熱水器，避免熱能浪費

從熱效率與使用方便程度來看，廚房設置專用熱水器有其必要性。

廚房、浴室共用一台熱水器的場合，如果熱水器離廚房水槽稍遠，往往造成一開水不熱，水熱時碗盤都差不多洗好了的情形，浪費熱能。

另外，全家共用一台熱水器，往往發生同時使用，則熱水量不夠的情形。

第二章　浴室設計要訣

●排水口避免在注水口正下方

●使用紅、黑磁磚使污漬不醒目

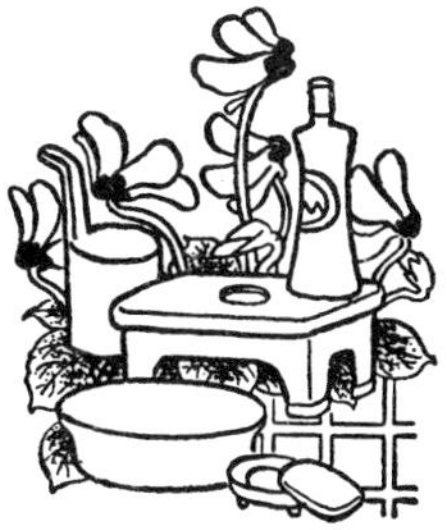

浴室鋪小塊地磚止滑

浴室鋪大塊地磚看起來很清爽，但浴室除了美觀之外，還得注意安全性。

平常所見浴室大磁磚，雖可使水流如溜冰場般順暢，但卻也有容易滑倒的缺點。

小磁磚也有美觀品，千萬不要因講求豪華而鋪三十公分磁磚或大理石。

旅館或大飯店有的為了講究氣派而鋪大磁磚，非常危險。有一家大飯店的豪華大浴室，就在大型磁磚上鋪層止滑墊，但經水漬滯留變黑後，反而有不潔的感覺，如此一來，再大再美的磁磚也白費了。一開始鋪小磁磚，並注意清潔維護，不但清潔而且美觀。

小磁磚止滑……

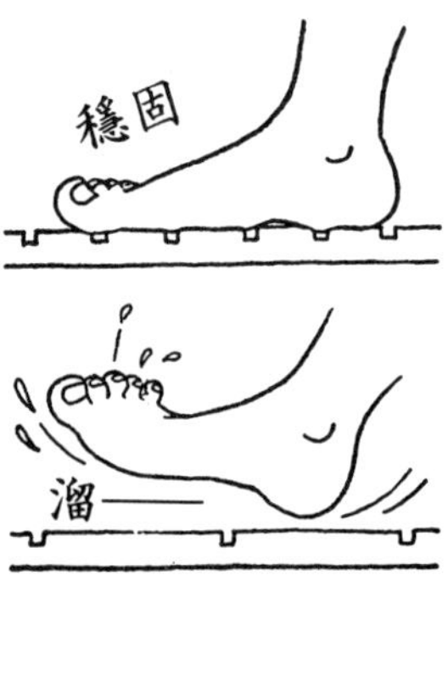

浴室鋪六十公分四方的竹簾可使沐浴心情更放鬆

入浴時為防止足部滯留污水，最佳方法就是在地面鋪一塊竹簾，這塊竹簾要保持清潔並不容易，每天必須到外面曬太陽使之乾燥，這樣拿進拿出的非常麻煩，所以現在已經不太使用了。

在此介紹各位一個簡單方法，就在磁磚排水口上方舖一塊像坐墊一樣的六十公分四方竹簾，在此洗淨身體後，腳部不會滯留污水，即可輕鬆入浴。

此般大小的竹簾，就算每日拿進拿出曬太陽也不很麻煩。

蓮蓬頭沒有止水裝置浪費水

最簡單的蓮蓬頭淋浴裝置，是兩手操作冷水熱水，控制水溫恰到好處時再淋浴。但常常沖一沖必須關掉水，等一下再開時又重新冷水熱水調節一番。

如果蓮蓬頭沒有止水裝置，則洗頭時、抹香皂時，中途都必須用雙手關冷、熱水開關，

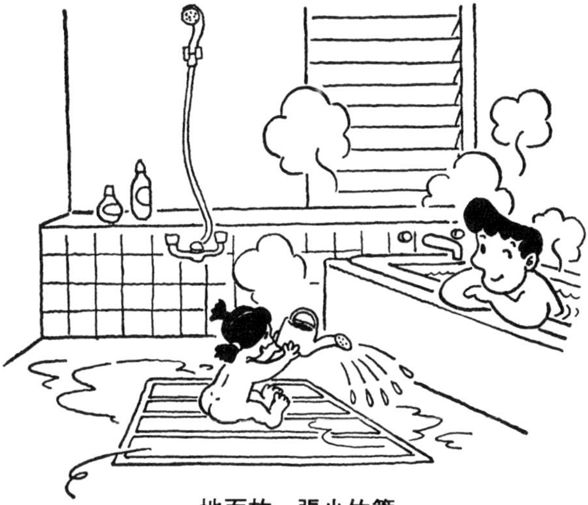

地面放一張小竹簾

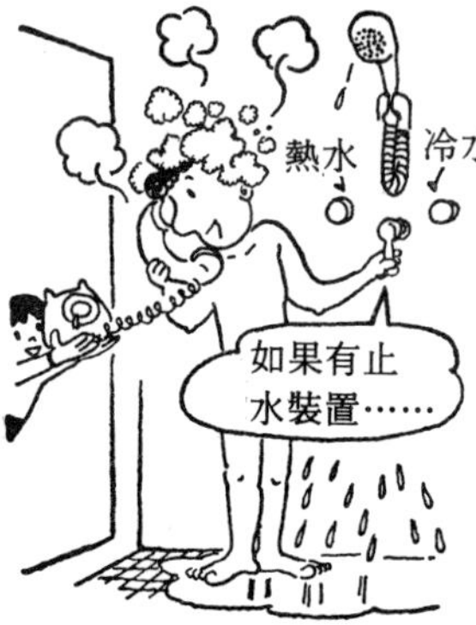

等一下再開冷、熱水，這種操作每天洗澡必須重複好幾次，不僅麻煩，而且浪費水。

這種蓮蓬頭無止水裝置的東西，不論多便宜都不要選用，因為長期下來，妳家浪費掉的水不只這些了。

最好還是選擇蓮蓬頭有止水裝置者。

安裝「定量水栓」節省水費

安裝在注水口上，等水流至一定量自動止水的水栓，稱為「定量水栓」。這比一般水栓高價，但卻不會浪費水。

市面上有賣「定量吐水口」，這也是定量水栓之一種，外行人也可輕易安裝。在浴缸注水口裝上一個，就可節省不少水費。

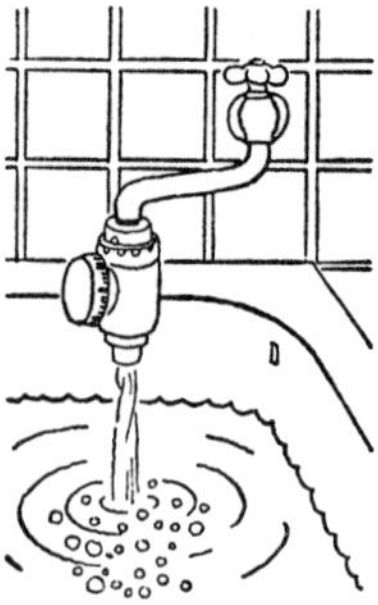

浴室四周以混泥土砌牆以防滲水

常見木造房屋在浴室四周以混泥土磚塊砌牆，這就是問題所在，因為混泥土磚塊比普通混泥土吸水性不佳，會影響到隔壁房間，我常常聽說浴室旁的洗臉室地板腐壞，就是這個原因。

浴室四周應以鋼筋水泥為基礎施工，灌水泥比砌磚塊工程費增加有限。

浴室設給氣口與排氣口乾燥較快

浴室維護以乾燥最重要，因為只要一使用就是濕的狀態，所以必須特別注意乾燥設施。在設置排氣口時，不要忘了給氣口也很重要。

換氣是在給氣、排氣順暢的情況下進行，只有出口（抽風扇）沒有入口（給氣口）的情況下，空氣無法順利流通。

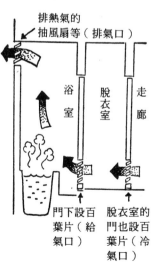

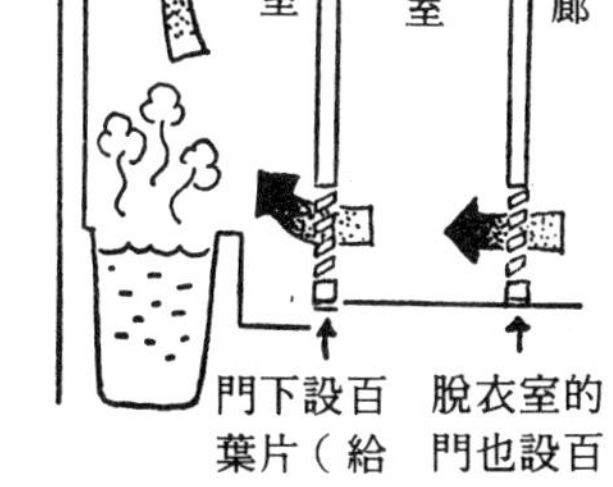

但給氣口並不是直接讓空氣從戶外進入，這樣會使寒冬入浴時冷得受不了，給氣口應該設置在脫衣室、浴室入口的門扇下方。

不論有沒有給氣口、排氣口、抽風扇，自然換氣都是維持浴室的重點，全家人一定要養成入浴後將浴室門、脫衣室門打開習慣。浴室、脫衣室使用時間並非很長，在不使用時維持良好通風，應可保持乾燥。

自然換氣與抽風扇不同，自然換氣不需電費，經濟又實惠。

浴室使用後應用定時抽風扇抽風

前項已經說明使浴室乾燥很重要，相信各位都已經瞭解了，但像公寓就無法設給排氣口，以致於換氣無法自然進行。

此時就得打開抽風扇，而且應選擇有定時裝置的抽風扇。

為了使浴室保持乾爽，入浴後應使抽風扇繼續轉動，普通只有ON、OFF開關的抽風扇，如果你想在浴後立刻就寢，也非得在就寢後一個鐘頭再爬起來關掉抽風扇，實在非常不方便。如果能裝置定時抽風扇，那你可以安心入夢鄉了。

紅、黑地磚使污漬不醒目

人們通常喜歡挑選白色磁磚，但白色磁磚維護不易，市面販售不少去污清潔劑，但每一種多多少少都含有傷害磁磚表面的藥劑。

在尚未骯髒之前，或污漬還不明顯時，可用市售之專用品將其染成紅、黑色。但並不是從今以後就不必打掃了，水漬還是會污染，但你只要打掃清潔即可，由於污漬不清楚，所以不必特地用清潔劑刷洗。

浴缸排水口以大型為佳、排水栓以吸入型為理想

為了使浴缸的水漏光，恐怕必須等上好幾分鐘，市售浴缸的排水口有很多都太小了，大型排水口才能節省排水時間。

排水口大小以一般市售浴缸為例，大約三公分至四•五公分，當然以選擇最大的四•五公分為佳。另外還有如圖看起來是三公分，實際上卻只有二公分的物品，請仔細確認。如果不買現成浴缸而自製浴缸，也最好設置直徑五公分的排水口，如此排水最快。

密閉型

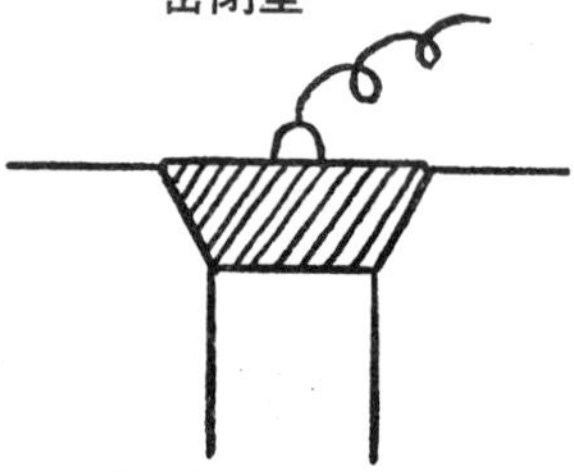

蓋住後不太容易拉開

排水口大小
（實物大）

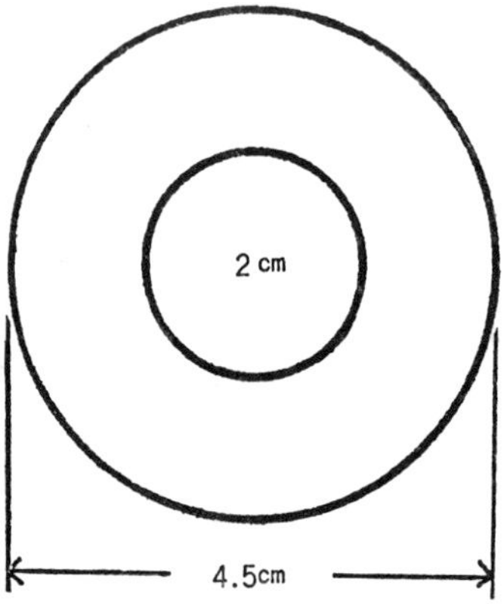

吸入型

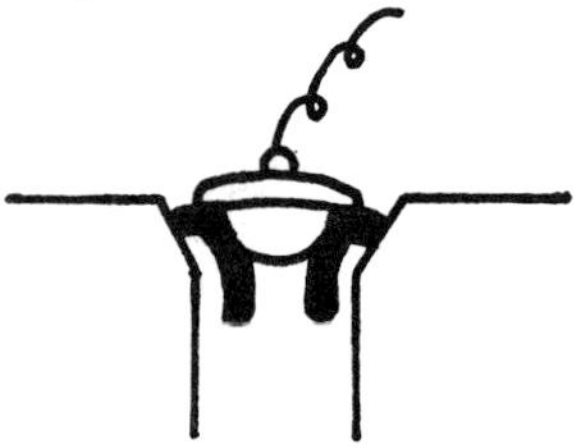

水栓只是吸入

稍微傾斜水也流不出去

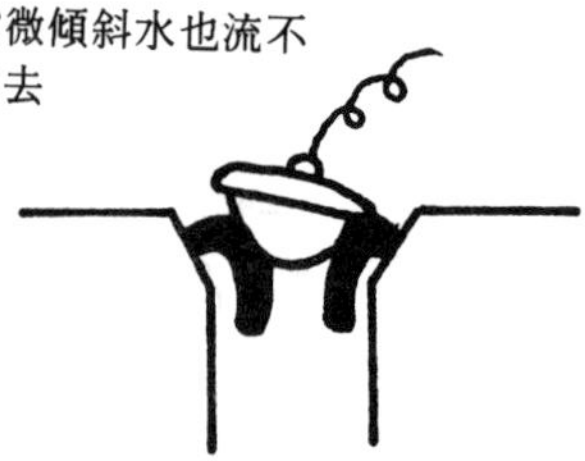

看起來是3cm，但有效寬度只有2cm，水流很慢

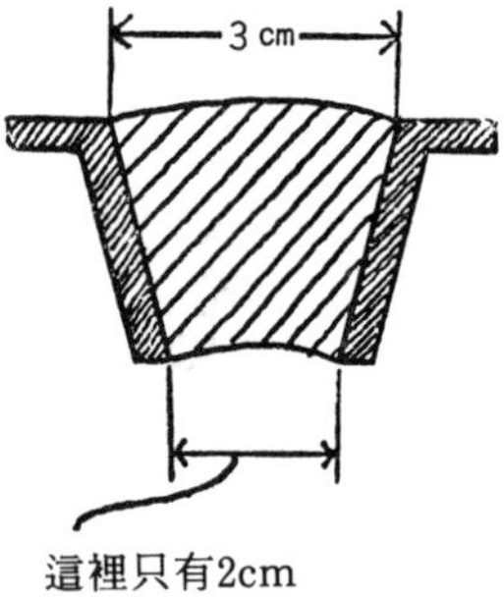

這裡只有2cm

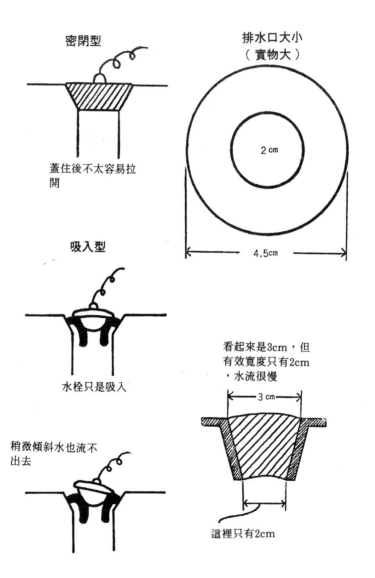

在選購浴缸時，除了注意排水口大小之外，排水栓的形式也要注意。最低條件是排水栓必須密合，但太過於密合也會造成不易拉開情形，有時還必須用雙手才拉得開——水壓也有影響，但像這種產品就不及格。最好選擇如圖所示吸入型排水栓，這種排水栓即使稍微傾斜也不必擔心水流掉，而且拉開不費力。

排水栓的形狀不能只憑目錄判斷，一定得親自看過實物才行。雖然麻煩一點，還是請親自到店裡確認排水口大小及排水栓型式。

天花板裝暖氣可當烘乾室使用

最近在高級大厦已經很少看見掛滿清洗衣物的光景了，其中有一部分是大樓規定衣物不可晾曬在室外，而在浴室天花板裝置暖氣設備烘乾衣物。

建議獨棟住宅也採用這種設施，在梅雨季節可當乾燥室使用，嚴冬也可使浴室成為暖氣房，尤其家中有老年人時，可在其入浴前先使浴室溫暖，而當乾燥室使用對浴室管理也有助益。

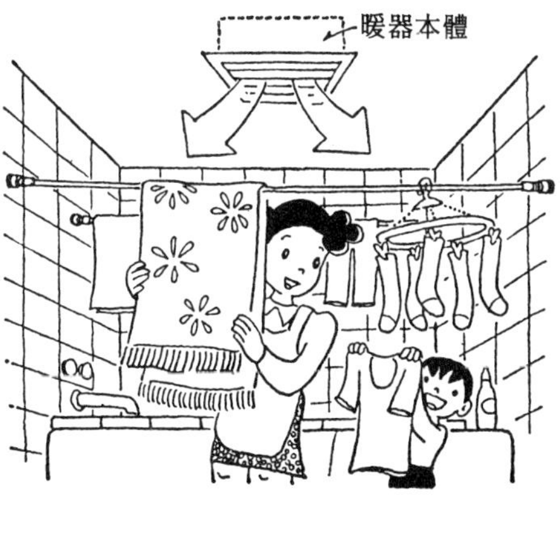

但為了達到效果，浴室不可太大，不要超過二平方公尺為宜，大約在一坪左右，而且天花板要低，以提高暖房作用。

浴缸小傷要立刻修補

浴缸分為鑄物與鋼板二種，鋼板浴缸要注意鋼板生銹，如果小銹不補就會變成大洞，所以不論多小的洞，都要立刻用修補劑修補。

修理方法：①用砂紙將銹磨掉，②將修補劑的硬化劑與主劑混合，平塗於表面，③待其乾燥（可使用吹風機增加乾燥速度）。

另外不用修補劑時，①用牙刷沾清潔劑將銹刷掉，②塗上指甲油。非常簡單即可修補完成，千萬別因一時偷懶造成大損失。

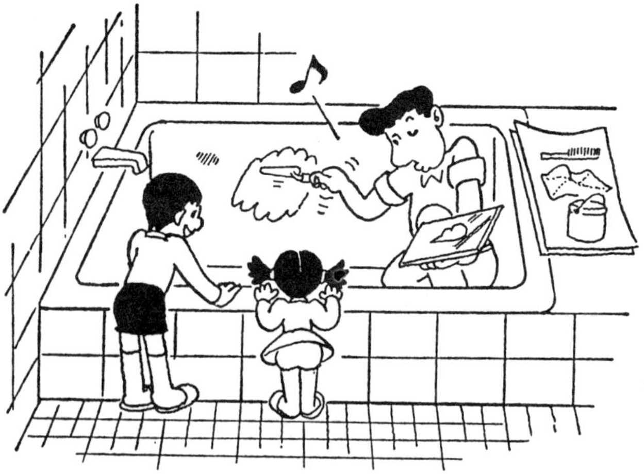

發現小銹立刻修補

浴室磁磚架最好稍微傾斜

香皂、洗髮精、海棉等浴室用小東西很多，市面上有不少種類、型式置物架，但多為塑膠製品，容易沾染水漬、積水。

最好一開始就在浴室壁面設磁磚置物架，這樣就不必浴室地面擺任何架子，浴室清爽多了。

磁磚台面深十公分為理想，大小約十公分四方磁磚二塊就夠了，但磁磚鋪設時必須有斜度，這樣才不會積水。

浴缸排水口避免在注水口正下方

排水口形狀有溝形、角形、圓形等，一般家

浴室磁磚架應稍微傾斜

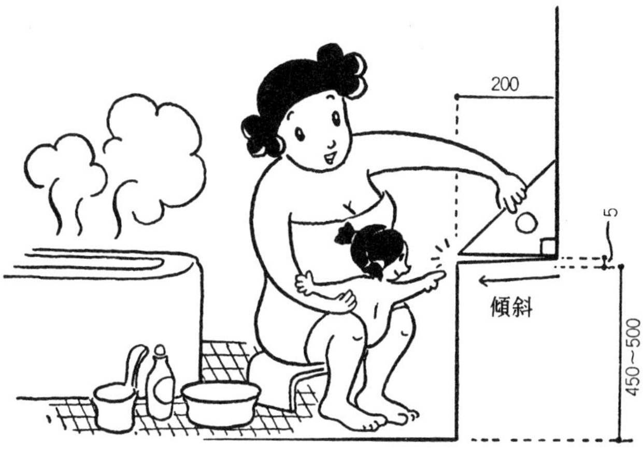

庭以價格考慮，多為圓形設置。所以此處也以圓形排水口為考慮重點。

如圖①蓮蓬頭、注水口、排水口都在同一條線上時會怎麼樣？

地板堆積的污水不容易排出，如果在注水口下放大浴盆，則堵住排水口。

如圖②注水口與排水口位置離一段距離，則即使有污水也不會積滿浴室，不會有地面不潔的不舒服感。

排水口位置如圖③所示，離壁面三十公分左右最適當。離壁面太近（如圖③虛線所示）會造成隔壁房間濕氣太高，非常不當。

圖①

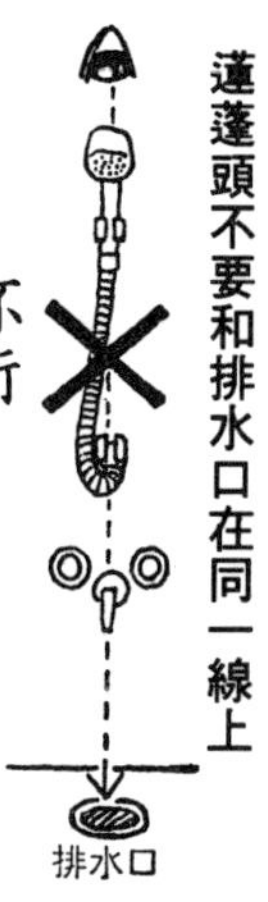
蓮蓬頭不要和排水口在同一線上
不行
排水口

圖②

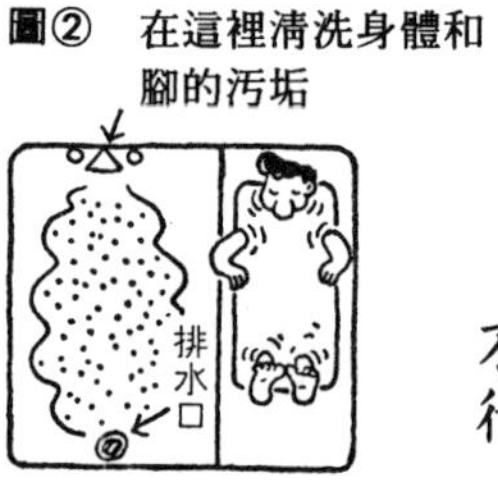
在這裡清洗身體和腳的污垢
排水口

圖③

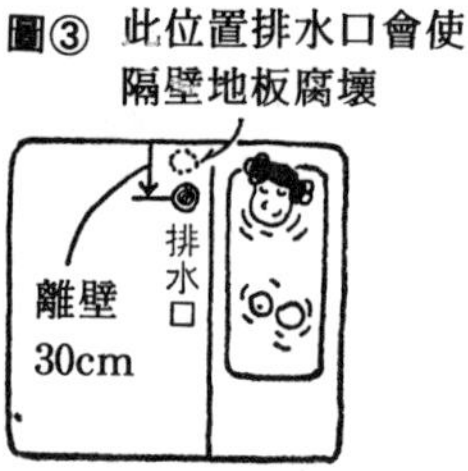
此位置排水口會使隔壁地板腐壞
排水口
離壁
30cm

浴室排水口太小會使足部踩到髒水

從前浴室地面舖檜木竹簾，但現在則多舖磁磚。在這種情況下，如果浴室排水口太小，就得一邊享受淋浴之樂，一邊忍受地板積水之不快感，而且必須腳底踩著污水踏入浴盆。

為了避免這種情況發生，可在地面裝置不銹鋼排水口網（圖①）。

如果預算足夠，則設置排水溝更有效（圖②）。

但以上設計必須注意防臭。市售之既成品防臭閥（參照一九九頁）在此使用不易，所以最好如圖③所示，在外面排水溝封水，使臭氣上不來。

圖①

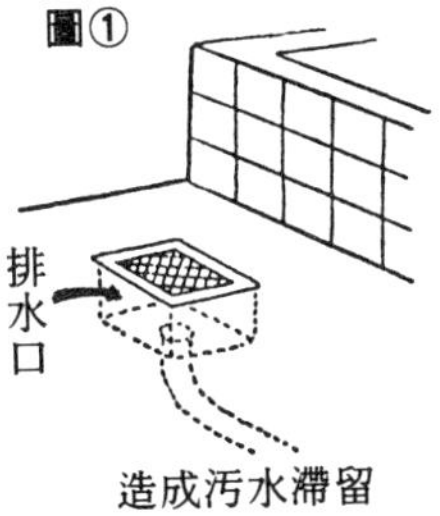
排水口
造成污水滯留

圖②

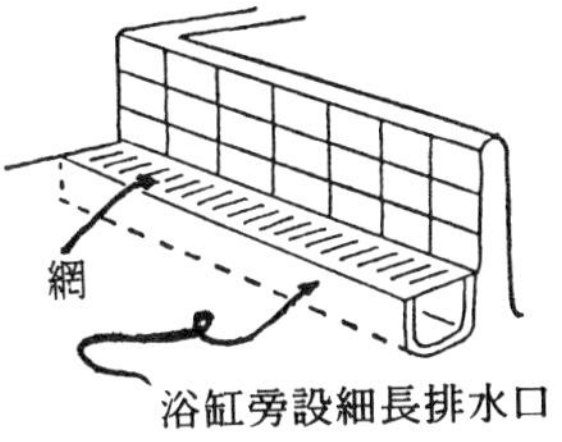
網
浴缸旁設細長排水口

圖③

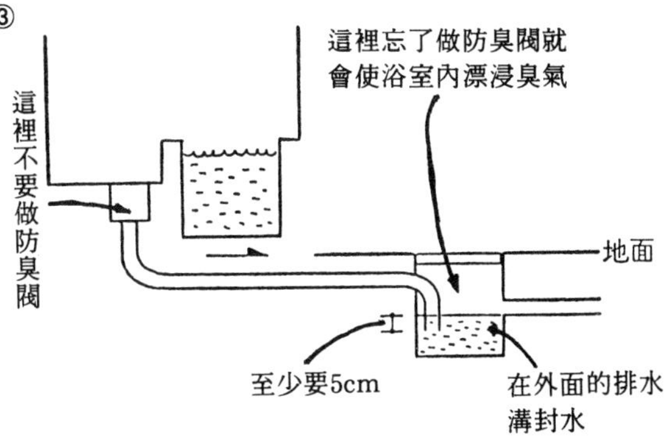
這裡忘了做防臭閥就
會使浴室內漂浸臭氣
這裡不要做防臭閥
地面
至少要5cm
在外面的排水
溝封水

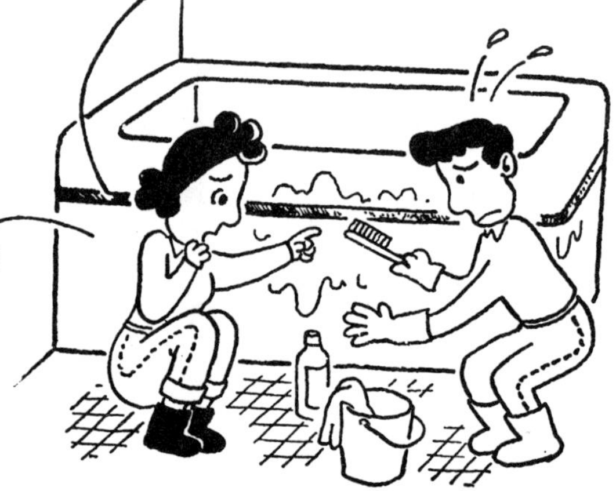

前板式浴缸有接縫易沾污，應避免使用

前板式浴缸的前板與本體分開，接縫處用有彈性材料連接，FRP（強化塑料）則為一體成型品，但根據我的調查，幾乎沒有無接縫的浴缸。

此接縫處附著水漬，容易變黑，所以建議

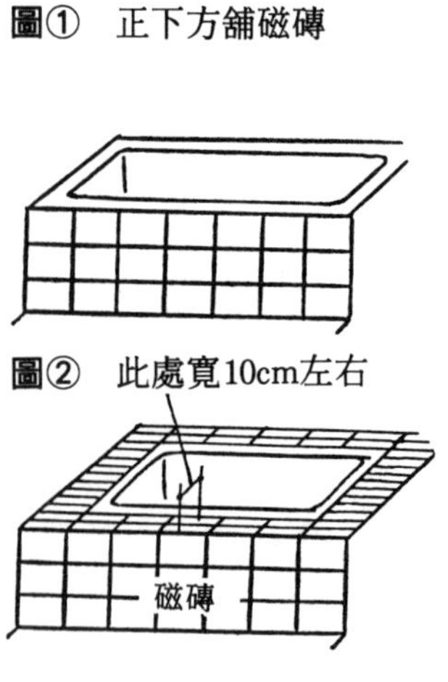

各位不要選用這種有接縫的前板設施，而改用磁磚較實用，容易保持清潔。

磁磚砌法有二種。狹窄浴室可直接從浴缸下砌起（圖①），寬大浴室則可做成平台後再將浴缸嵌入（圖②）。後者邊緣使得入浴較為不便，但對於年長者而言，可以先坐在邊緣再入浴，一短一長，如何選擇就看家中成員而定。

浴室門台用人造石不怕潮濕

水蒸氣會形成一滴滴水珠的鋁製窗框，當然沒親膚性強的木製建材來得舒服，浴室門也一樣。

但浴室是與水關係密切之處，所以，木製品必須細心保養。尤其是門台部分，門的拆卸容易，但門台可就得大費周章了。

釘有不銹鋼板的木製門台，水會滲入接縫處……，最後只有腐壞的分。

人造石雖然價錢較高，但卻是半永久性物品，因此還是划算。

浴室門台用人造石

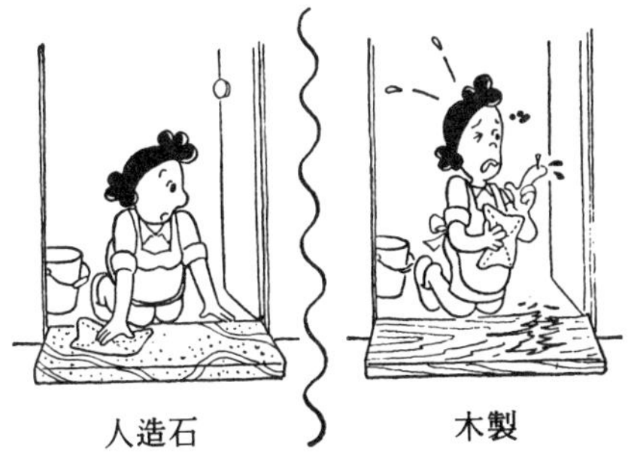

接著必須注意門框部分，此部分為木製，最好採用不易腐壞的檜、柏，只不過再怎麼說都是木製品，總有一天會腐爛，所以將來如何不傷害牆面而拆卸更換，是很重要的一件事。

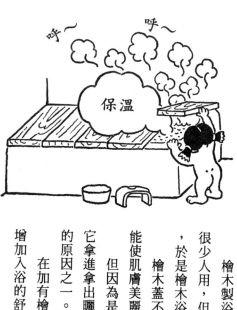

浴缸蓋用檜木製可保持水溫

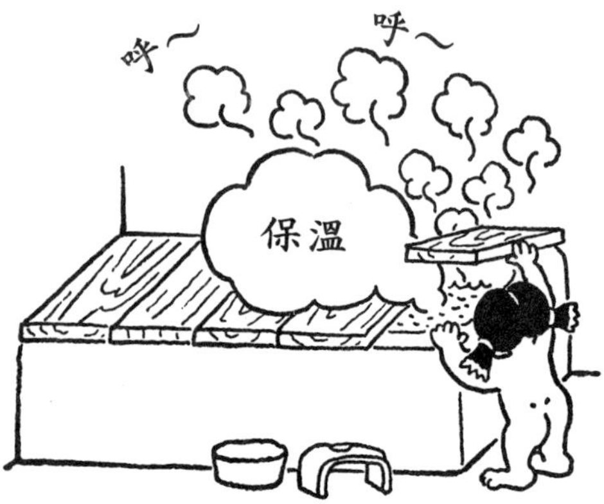

檜木製浴盆價格很高，屬於奢侈品，所以現在很少人用，但又希望能使用到檜木製品使心情愉快，於是檜木浴缸蓋就誕生了。

檜木蓋不僅是有效的斷熱材，而且具有香味，能使肌膚美麗、舒服。

但因為是木製品，所以必須注意保持乾燥，而它拿進拿出曬太陽也很方便，這正是檜本蓋受歡迎的原因之一。

在加有檜木蓋的塑鋼製浴缸中泡澡，一定更能增加入浴的舒適感。

裝百葉窗簾可開窗入浴

一般玻璃窗戶在入浴時會有不安全感，因為外面看得到裡面，

為了安心入浴，建議各位使用窗簾，這樣夏天就可安心打開窗戶入浴，而不必擔心外面人看得見，但裝在浴室的窗簾必須選擇「浴室用品」以防潮溼生銹。

塑膠製百葉窗簾是不錯的選擇，只不過因水氣附著而沾灰塵。

堅固的安全手把才能安心使用

連浴缸四周都舖上美麗磁磚的浴室，雖然非常美觀，但老年人因無處扶持而傷腦筋。

裝百葉窗簾可開窗入浴

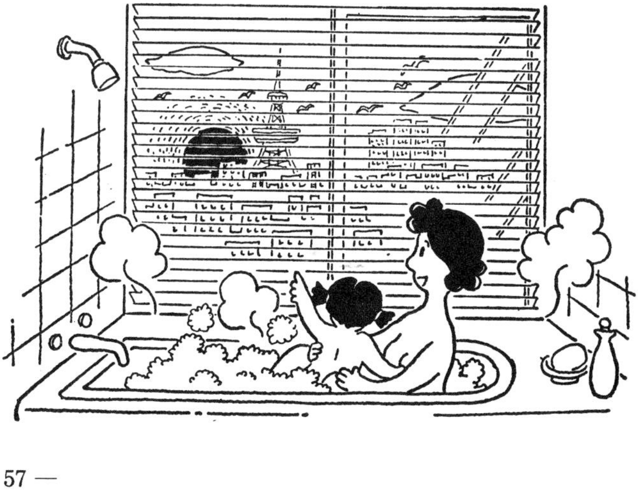

家中有老年人的浴缸旁，一定要設置堅固的握把，即使現在家人都不需使用，還是得為將來準備。木製住宅不夠堅固。會使握把不穩定，所以至腰高處應以混泥土製造，混泥土還有防水功能，一舉二得。

若非混泥土製，別忘補強握把處穩定。

握把應釘牢

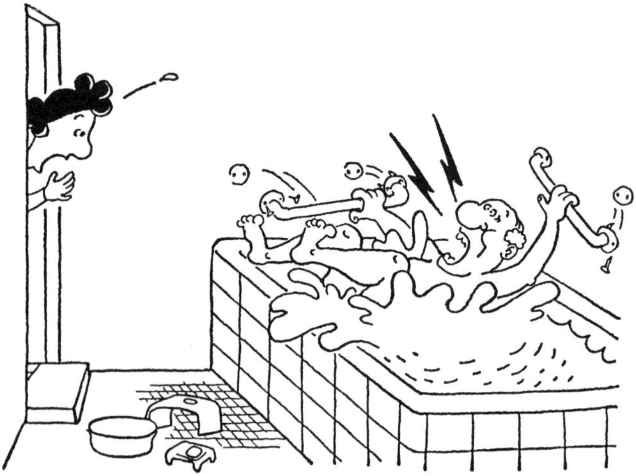

第三章　廁所設計要訣

● 真壁構造廁所寬了十公分

● 門向外開才不怕老人跌倒

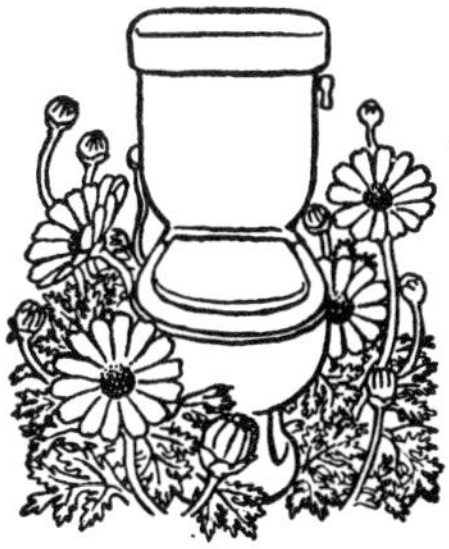

真壁構造廁所寬了十公分

最近住宅多採「大壁」設計，也就是將柱子完全包起來，但對於原本就狹窄的廁所、走廊等處而言，大壁設計使空間更縮小。

以一坪大的廁所為例，如圖①所示，一般大壁施工後實寬七四•二公分，而最近比較少見的大壁構造，因為鋼骨結構的關係，寬七九•二公分，所以一般大壁小多了（圖②、圖A、圖B）。

如圖③所示，真壁施工後實寬八四公分，比起一般大壁多了十公分，在狹窄的地方，差個十公分就已經很多了。

真壁設計看得見柱子……有人會這麼想，但在廁所的場合，只有寬度採真壁設計，所以達到看不見柱子的目的。

但長條走廊就沒辦法了，此時如果看得見柱子，就要放棄使用上等柱的想法。採大壁用的柱子時，只要用鉋子將看得見的部分削掉即可，如果連接處明顯，則可塗上與牆壁同色的油漆。由於是真壁施工，所以材料費並不會增加。

姑且不論施工費用，光是使狹窄場所增寬，就值得使用真壁構造。但為了與其他房間配

牆壁造法（一坪大的廁所）

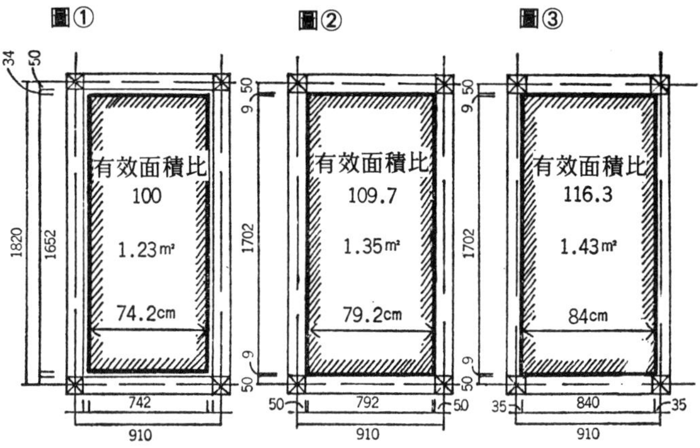

一般的大壁　　從以前一直使用的大壁　　真壁

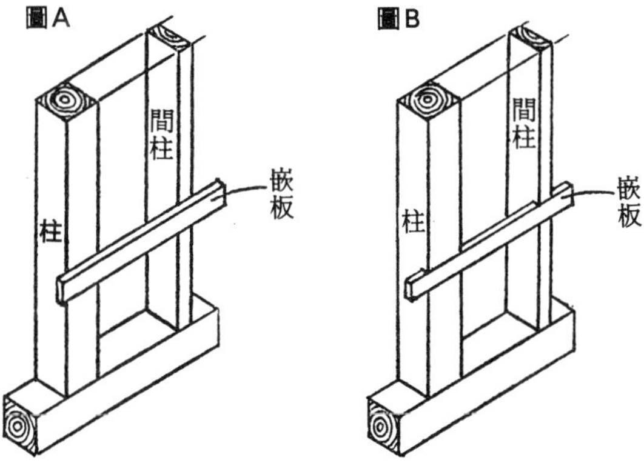

一般大壁鋼骨結構　　最近少見的大壁鋼骨結構

合，很可能走廊無法採真壁施工，這是構造上的問題，應該審慎考慮計畫後再施工。

廁所門一定要向外開，鎖也可從外打得開為原則

雖然暖氣設備普及，但一般而言，廁所仍是寒冷地方，嚴寒的冬季，在房間、客餐廳等溫暖場所待久了，突然上廁所時很容易倒在廁所裡。

這時候如果廁所門往內開會怎麼樣?很可能因跌倒的人壓住門而使外面的人打不開門。所以除了特別情況外開不合適之外，廁所門還是以外開為原則。

此時內側反鎖的門，也應能從外側簡單開啟。廁所的鎖並非爲了防小偷，所以應裝置從外側能用硬幣開啟的鎖(稱為浴室鎖)。

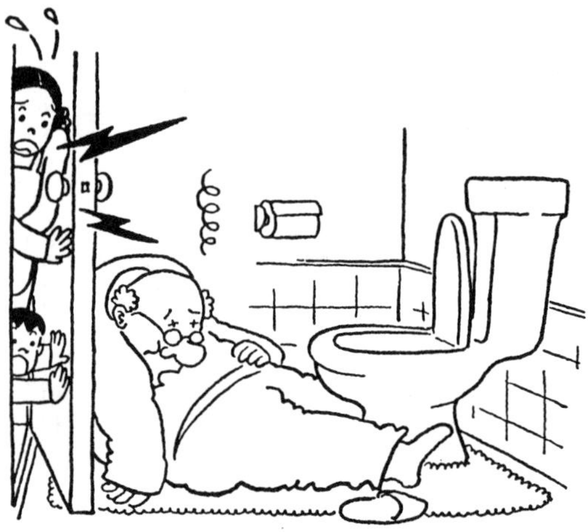

內開門會被擋住

設置坐著時手能搆到的收藏櫃

衛生紙放在什麼地方最方便取用，不用說，當然是廁所了，衛生紙的必要性已經不用說明，而坐著時手能拿取更是方便。

衛生紙在空間足夠的情況下，可以收在壁櫃裡（圖①），或樓梯下等小空間（圖②）。

但廁所空間普遍不大，在空間不足的狀況下，可置於籃子內，或在門上做個吊架。

廁所門下方的通氣口使隔音效果減低

廁所位置愈靠近隨時有人在的地方，就愈

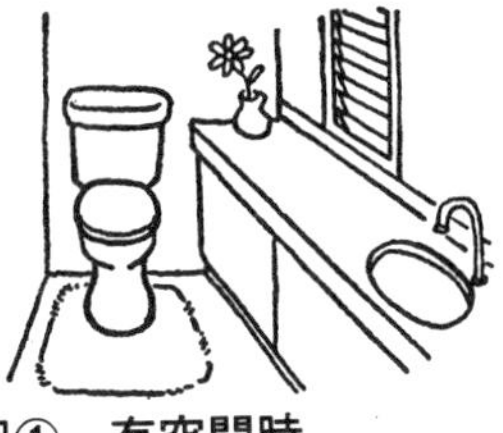

圖①　有空間時

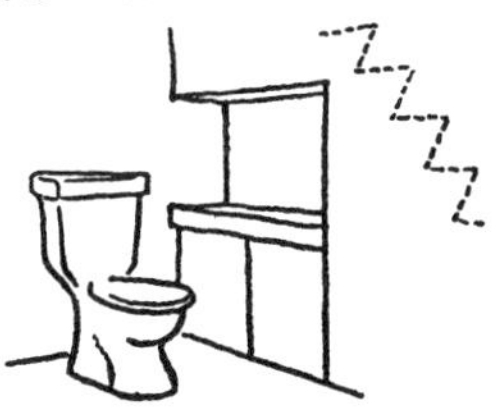

圖②　旁邊是樓梯時的置物櫃

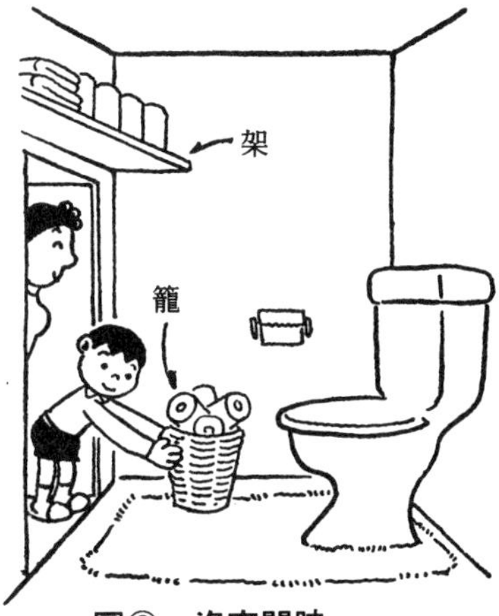

圖③　沒空間時

會注意到它的噪音。

一般大樓、茶藝館的廁所門，往往在門下設計百葉型給氣口，這種實在讓廁所內聲音原封不動往外傳送。怎麼辦呢？與其從天花板、牆壁下工夫，還不如注意隔間分配。

其次是建築上的隔音對策——

Ⓐ新建場所可以在牆壁加上隔音設備，能有效隔音。另外廁所門也要注意隔音設備，其實只在門上加強隔音就能對抑制水聲產生不錯效果。

Ⓑ已經建好的房子改善方面，可以在門的四周塞包裝用紙箱板，並沒有特殊用道具。而門是三夾板的場合，由於門中間是空心，所以可以塞發泡性烏拉坦，市面有售，可自己施工。

廁所完全隔音雖然不可能，但可至五金器材行尋找適合的隔音材料，使隔音效果加強。

水箱內沒加入斷熱材則水箱外會冒汗

夏天將水裝在玻璃杯內，不久外側就出現水滴……。相同原理，馬桶水箱也會發生結露現象。

由於水箱內一直是滿水狀態，當外面暖和，或內外溫差大時，外側就會出現水滴。水箱出汗還好，若是滴到地上就很討厭了，久而久之地面會有很深的水漬痕跡。有人因此將木地

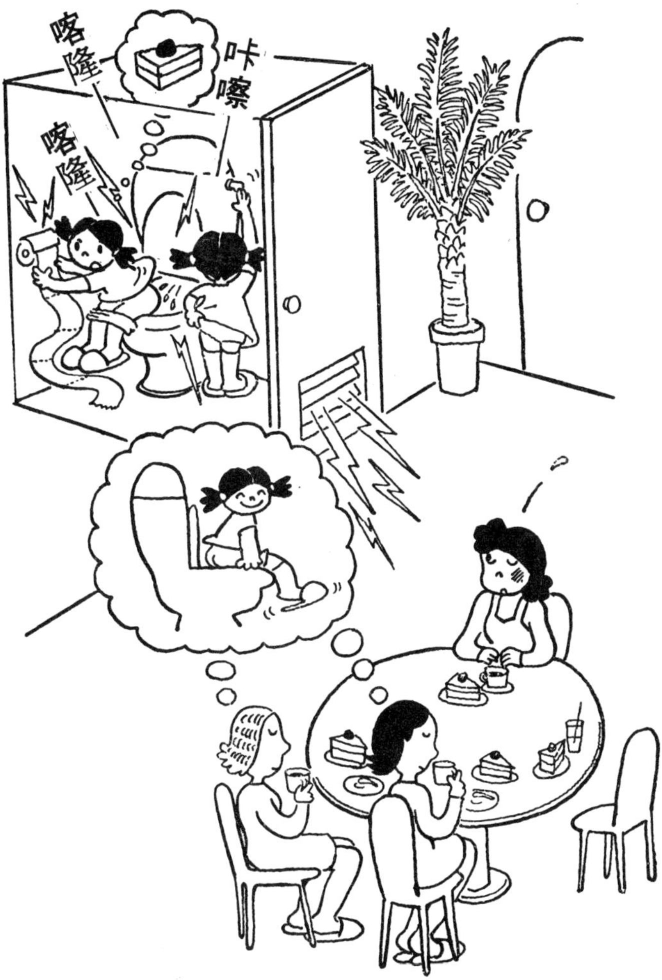

給氣口雖然必要，但這種隔間從百葉窗口發出的聲音……

板改成磁磚地板，其實不必這麼大費周章，只要換馬桶水箱即可。

最重要的是水箱選擇方法。

①防露型水箱、②緊密型水箱（與便器緊密連結）。這二種都不必擔心滴水（結露）現象。

最近水箱內幾乎都有斷熱材設備，也就是防露型，所以只要確定是條件①的「防露型」即可。但防露型比普通型貴一點。

接著是條件②，如圖②所示，便器與水箱連在一起的形狀。像圖③水箱與便器之間有金屬管相通，此部分就無法防露，所以應選擇緊密型。

廁所的給氣口與排氣口最好分為上下

一個窗戶絕對無法期待空氣流通的效果，有排氣口與給氣口的雙向窗戶才能達到換氣效果。如果給氣口外側緊鄰洗臉室，則可將窗口開在地面。

沒有給氣口的廁所，當抽風扇轉動時，門不太容易向外打開，另外，好不容易設個給氣口，但卻因此而缺乏隔音效果也是一個問題。

從這點來看，外壁側下部設個小窗口，不但不必擔心室內噪音，小偷也進不來。

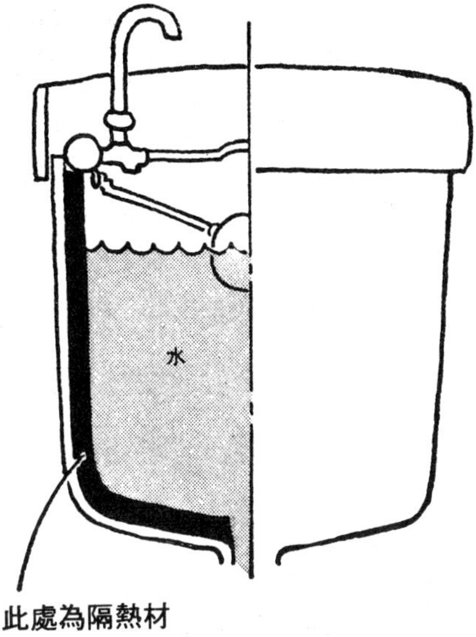

圖①　防露型水箱

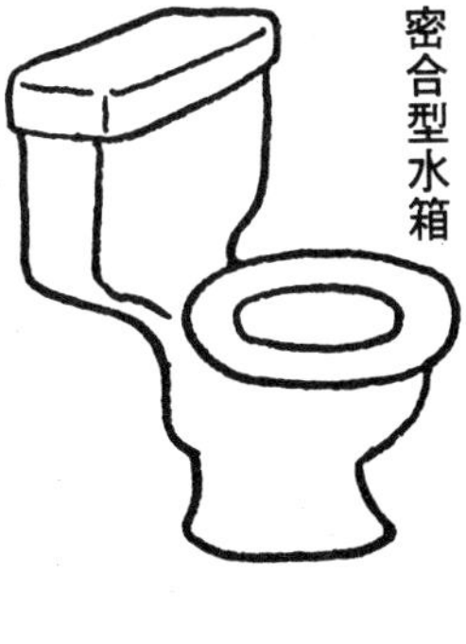

圖②　密合型水箱

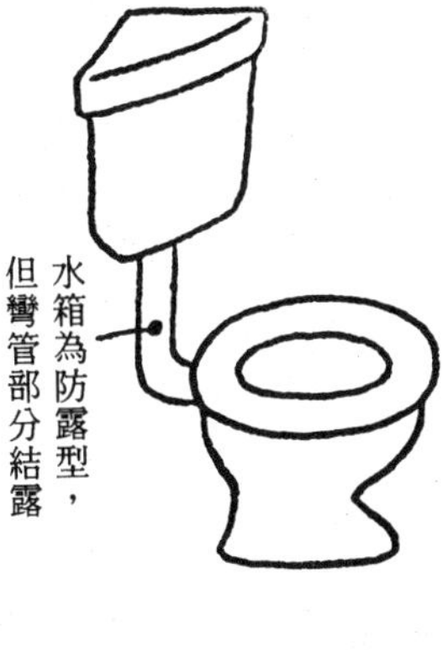

圖③　置於角落型水箱

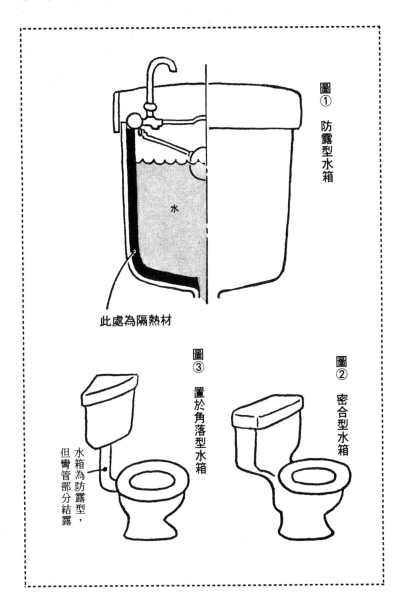

廁所換氣是先人的智慧

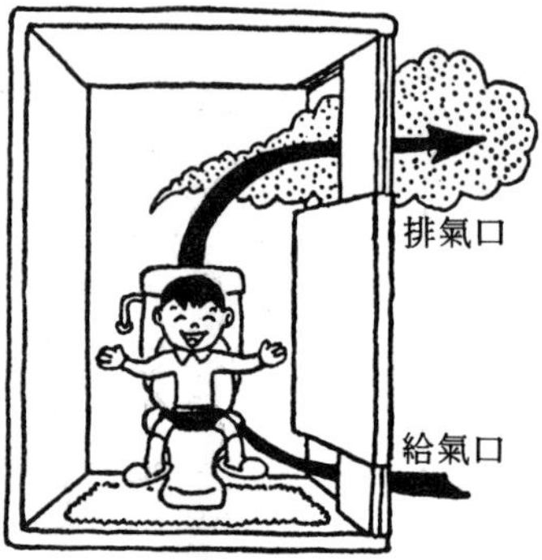

比長時間開門換氣效果好

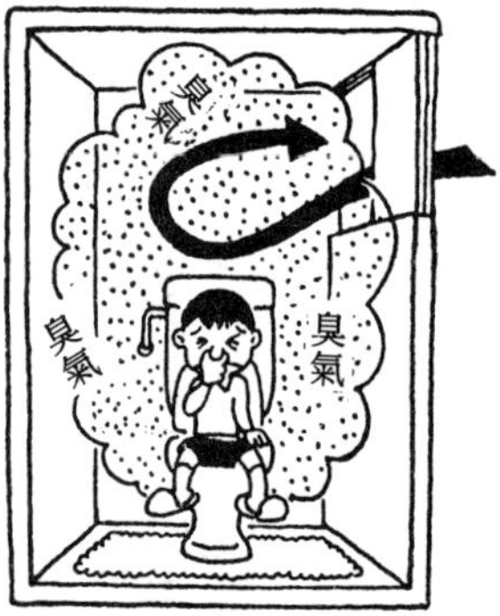

有出口無入口無法期待換氣效果

平常廁所不可能一直開著抽風扇，只有二個窗戶設計的廁所，才可常保換氣狀態。抽風扇對排出臭氣有幫助，但水氣潮濕還是要靠自然換氣使之乾燥，這與房屋壽命息息相關。我們應重新檢討，光靠抽風扇是否有效。

家庭用西式廁所的地板不用排水口

家中廁所有必要用水洗得整間地板濕答答的嗎?應該不用吧!

公廁和家庭廁所清掃方式不同，所以家庭廁所根本不必設排水口。排水口設計不僅妨礙美觀，還必須在地面實施防水工程，自找麻煩而已。

腳踏式洗手台開關兼具衛生與防止浪費水的功能

設在馬桶水箱上的洗手台，過高使用困難，太小也不夠。

洗手台最好還是另外設置比較好，而且以「腳踏式開關」最合適，只要花一點小錢即可簡單裝置，又有以下優點：

第一，手不必接觸開關。手上塗有肥皂時，可直接用水沖洗，免除沾污開關的缺點。另外，腳離開踏板水即停止，避免浪費水源。

腳踏式開關有露出型（圖①）與嵌入型（圖②）二種，最好選用露出型，雖然它會妨礙打掃，但維修方便，更容易安裝。

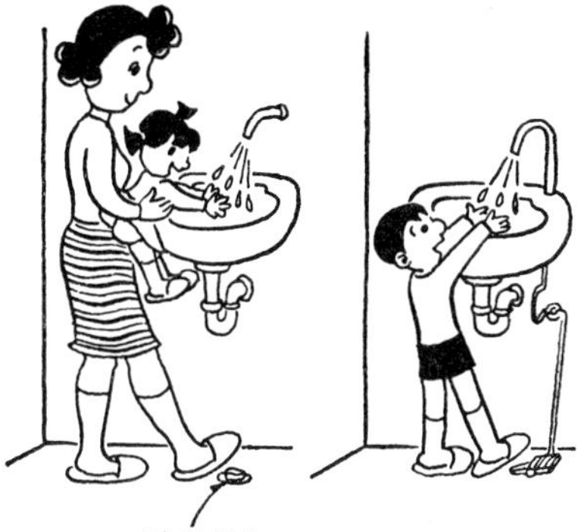

圖①露出型
可以安裝在現成廁所

圖②嵌入型
只有踏板露出地面，
不會影響清掃

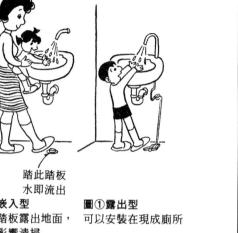

無窗戶的廁所應選擇廁所專用延遲開關抽風扇

一般住宅常見到沒有窗戶設計的廁所，這種廁所即使白天也要利用照明，而且因為不可能自然換氣，所以必須使用抽風扇。當然，有窗戶的廁所使用抽風扇更方便，但無窗廁所抽風扇的選擇方法就不同。

無窗廁所應選擇「廁所專用延遲開關抽風扇」，這是一個開關同時啟開照明與抽風扇，當使用廁所二分鐘以上時，即使妳關掉開關，在照明消失之後，抽風扇仍會繼續運轉一定時間。在沒有窗戶的廁所，照明與抽風扇絕對需要，這種組合方便使用又不浪費。

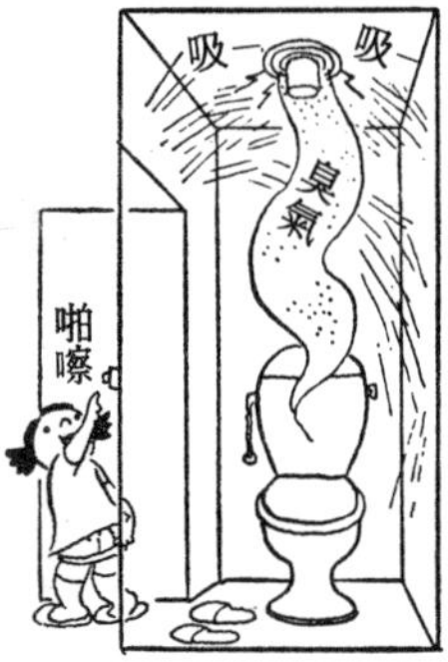

照明熄滅後抽風扇仍持續運轉數分……

一般延遲開關抽風扇不會依使用廁所時間長短而改變抽風扇運轉時間，但廁所專用延遲開關抽風扇則有此功能，可節省電費。

但即使是高性能，也不建議所有廁所均安裝，白天有日光照射的廁所也開電燈就浪費了。

從性能、價錢方面選擇，以彎管式為佳

一言以蔽之是西式便器，但水流方式可大別為四種。其污水排出力、便器內水面寬廣度、水音安靜度、價格各有不同，分為沖落式便器、一體成型便器、彎管式便器。我建議一般家庭選用彎管式便器。以下就讓我們比較四種性能及選擇理由。

注意看看附著污垢的西式便器，幾乎都是沖落式便器，所謂沖落式，就是水從比便器水面高的地方用力往下沖，將污物沖掉的性能，因不夠衛生，已有國家禁止使用，所以不推薦。

其餘三種請看表格比較。一體成型便器的性能與價格均高，不適合一般家庭使用，其水聲非常安靜，但為此優點付出的昂貴金錢不伐算。如果有此預算，還不如用在廁所隔音設備上比較經濟，沒必要只因水聲小就挑選如此昂貴的便器。

其次是不易污染的問題，請看圖面所示滯留水面寬度，滯留水面愈廣表示空氣存在愈少，當然污染部分也少。但彎管式有時候要沖二次才會乾淨。因為滯留水面寬廣，所以不用選高價一體成型便器或彎管組合式便器，挑選彎管式就夠了。

從性能與價格二方面考量，選擇彎管式可將與高級便器差額部分拿來增加廁所其他設備。

• 3種便器成績表

	污水排出口	靜音程度	滯留水面寬度	價格
一體成型便器	1	1	1	1
成套彎管式	1	2	1	2
彎　管　式	1	3	2	3

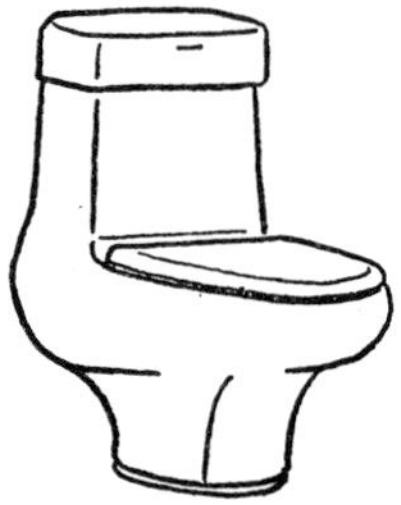

一體成型便器

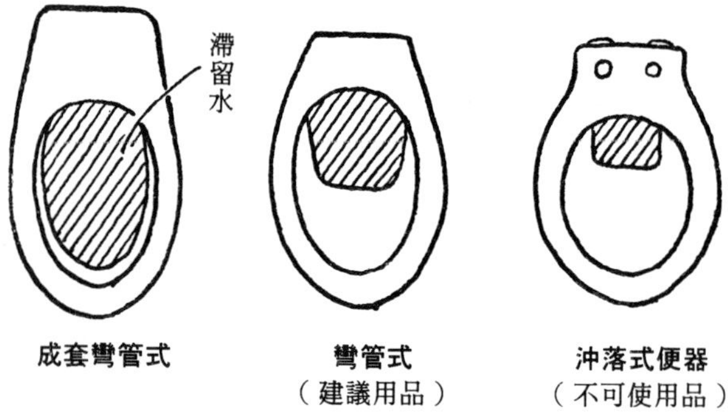

成套彎管式　　**彎管式**（建議用品）　　**沖落式便器**（不可使用品）

這三種便器無法從外觀分辨，但沖水後就知道。沖落式是水直接轟隆隆地往下沖。成套彎管式是水面隨滋滋滋的聲音上升。彎管式介於兩者之間，以強大力量將污水吸入。照理論而言，成套彎管式是三種馬桶中吸引排出力最強者，但我總覺得不太可靠。

小房屋可將洗臉台、脫衣室、廁所設計在一間

對「清潔」與「衛生」的感覺人人不同，有人覺得「洗臉、脫衣室兼廁所」，總是不太對勁，但就算能節省二分之一坪，對於平面設計也會造成大影響，適合房子小的小家庭參考。

雖然這麼一來，有人在洗澡時，想上廁所的人就得忍耐一下，但節省出來的空間，卻能發揮更大的魅力，而且如果是大房屋，還可利用另一間廁所。

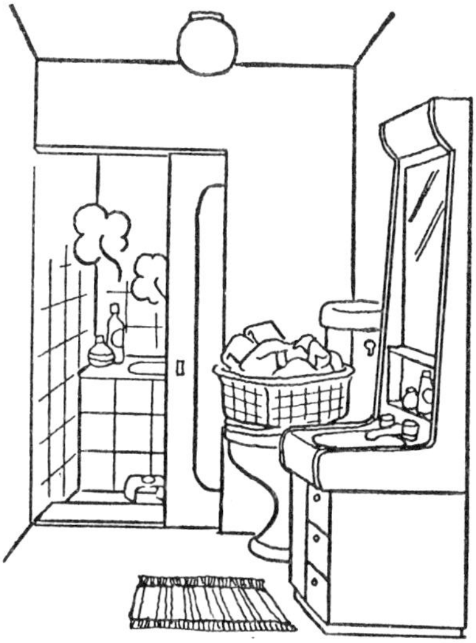

洗臉、脫衣室與廁所合一

相反地，這種設計也有優點。例如小孩、病人等需要他人協助如廁、入浴時，這種合併設計空間就比較大，而且浴廁在一起也較為方便。

合併使用感覺不舒服時，當然應該各自獨立，如果不在乎則這是個不錯的方法。

為客人準備馬桶坐墊

他人家的馬桶總覺得坐上去怪怪的，常常聽見這種話，為了表示對來客的體貼與禮儀，西式廁所應準備馬桶坐墊。

由於只是供來客使用，所以一包五十片的坐墊，可能好幾年都不用補充，小小心意與花費，卻能使來客心情舒適，實在伐算。

這種必須品即使在公廁也尚未普及，真是可惜，女性外出時最好自行攜帶二～三片。

即使舊房子也可簡單施工，不妨至百貨超市逛逛看，或請水電行代裝。

真希望公廁外也加裝馬桶坐墊自動販賣機。

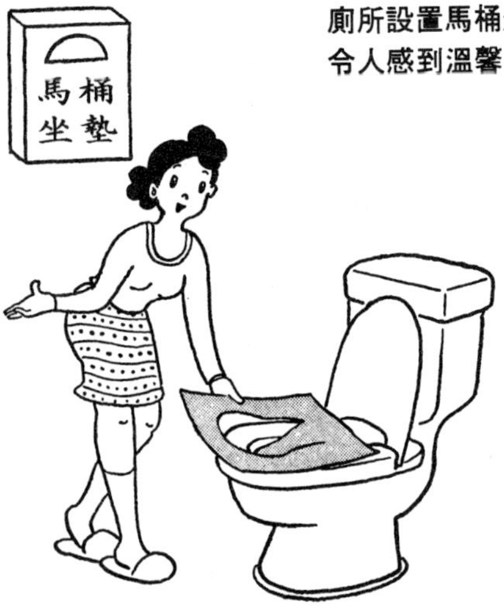

廁所設置馬桶坐墊紙盒，
令人感到溫馨……

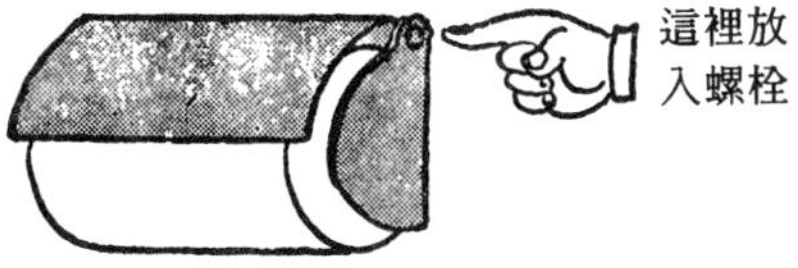

改艮型衛生紙架

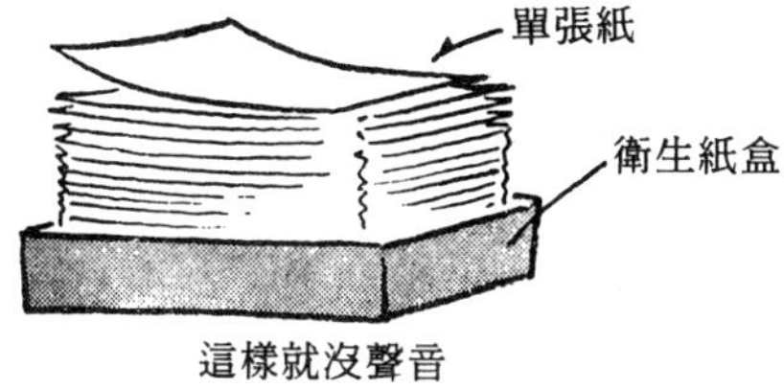

無音型衛生紙架

以單張紙取代捲筒衛生紙

通常說廁所用衛生紙，多半是指捲筒式衛生紙，掛在固定好的捲筒架上。

雖然捲筒衛生紙不占地方，但使用時咔嚓咔嚓的聲音，成了水聲之外另一種噪音，雖然市面上已出現改艮型，但仍不盡理想。

在此建議各位採用最初使用的中式單張衛生紙，只要廁所馬桶旁有放盒子的地方，就可免去噪音之苦，而且補充也方便。

從這二層優點來看，單張衛生紙可說是優秀的無聲型捲筒紙。

第四章　洗臉台、脫衣室設計要訣

● 習慣早上洗髮者，可在洗臉台加裝蓮蓬頭

● 洗衣機下加裝防水架反而麻煩

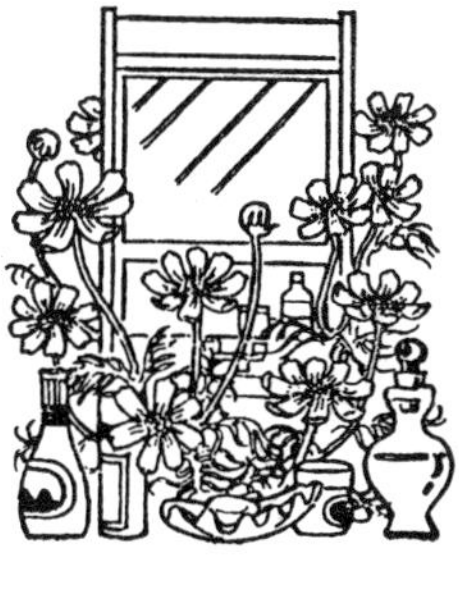

有習慣早上洗髮者，可在洗臉台加裝蓮蓬頭

早上洗髮的人好像愈來愈多了，夜晚洗髮要等頭髮乾才能就寢，而且梳理好的頭髮睡起來又亂了……，所以早上洗髮愈來愈普遍。

早晨洗髮多半在洗臉台，但一般洗臉台太小，又沒有可拉式蓮蓬頭，非常不方便，所以建議你換大型洗臉盆及加裝可拉式蓮蓬頭。

各家庭的習慣只有家人知道，所以不可將房屋設計完全由他人，否則一般設計者只會為你安裝標準洗臉台，不會做特殊考量。

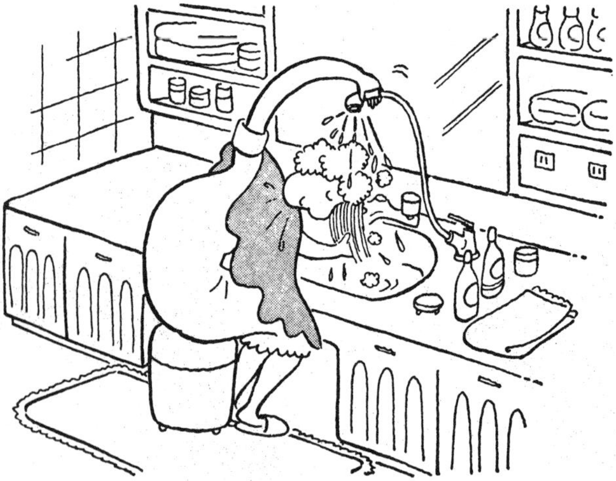

洗臉台裝蓮蓬頭方便早晨洗頭

注水口底部要預留可以清掃的空間

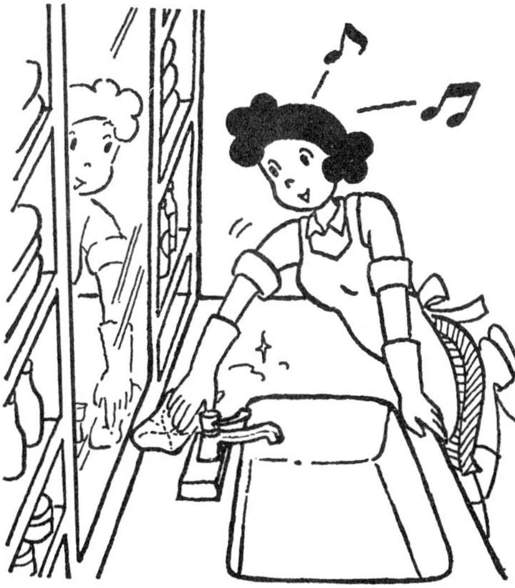

注水口立於水平面的水栓，一定要注意安裝方式。

注水口底部容易積水，只要稍微怠於清掃，水漬立刻沾污洗臉台。因此應該選有清掃空間的洗臉台。

壁面（垂直面）與水栓太近，則手無法伸至水栓後側擦拭，相反地，如果空間太大，則洗臉空間就會比較狹窄，約預留三公分空間為適當，這樣才容易清掃，一公分或二公分太窄了。

如果空間不夠大時，可選擇嵌壁式，而不要挑選直立式。

洗臉台上的小東西最好嵌入壁面，才不會雜亂

市面上販售的蒸臉器、磨牙器、電動牙刷、按摩棒等用具，乍看之下很方便，但可惜這些小東西往往只會使洗臉台更雜亂而已。而市售之浴室整理架，又多半屬於小容量，往往不敷這些道具使用，而且將台面擠得滿滿的，清掃也不易。

就像牙刷架子，得經常拆下來洗才乾淨，而整理架多為塑膠製品，很容易沾汚，必須經常擦拭。

如果預算許可，各家庭可配合使用狀況設計整理櫃。由於洗臉室多半不大，如果在洗臉台上釘太大架子，實在很占地方，所以以鏡子為門扇，嵌入壁內的櫃子最適合。收藏的多半是小東西，所以深十公分左右即可，如果想放毛巾等物，則可再深入一些。另外，如果是兼化妝台使用。則可將鏡子分為三塊，利用成三面鏡。施工時不要忘記防潮及照明。

也有既成品可供顧客選擇，由於洗臉台用的櫃子和一般家庭裝璜用品不太一樣，只要淺淺的櫃子即可，也許買現成的比訂做便宜。

等新建屋時再考慮重新施工。

施工時應採防潮型鏡子，照明及插座一定要考慮

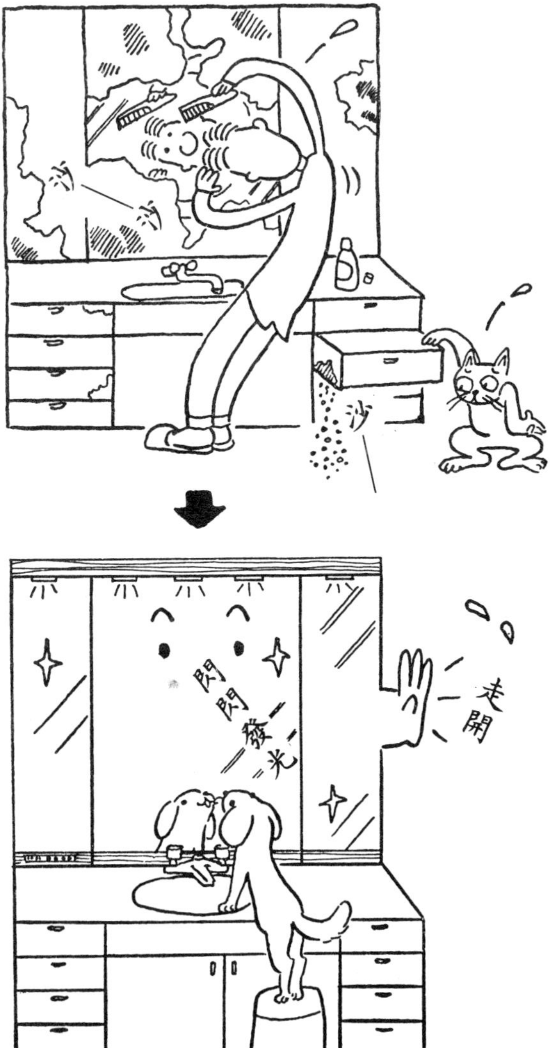

鏡子在洗臉台正上方最合適

每天早晨都必須面對的洗臉台鏡子，位置有時太高有時太低，使用不方便。

經常看見邊照鏡子邊刷牙、女人邊照鏡子邊洗臉按摩、男人邊照鏡子邊刮鬍子的場面。

如果鏡子不在洗臉台正上方，則可能得移來移去，一下往左側拿香皂，一向右側照鏡子，把洗臉台四周弄得濕答答的。

鏡子的正確位置應在洗臉台正上方，家人均照得到之處。

另外，這面鏡子必須有防霧處理（參照次項）才方便使用。

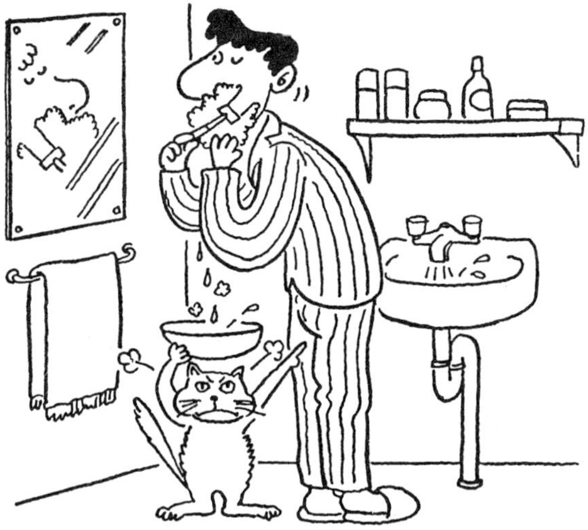

鏡子位於此會使地面濕答答

鏡子一部分防霧處理就不怕熱水了

有完全防霧處理的鏡台，也就是在鏡子內側加電充熱法，但這在大鏡子不實用，費用也貴，不適合一般家庭。另外整面鏡子做防霧處理也不妥。

此時只需要部分鏡面做防霧處理即可，雖然不能整面鏡子都看清楚，但最為水霧困擾的就是使用熱水洗臉，刮鬍子時。

即使是一大面鏡子，只要看得到臉部之處做「防霧處理」，亦即貼防霧膠膜（約二十公分直徑的圓形）就綽綽有餘了。

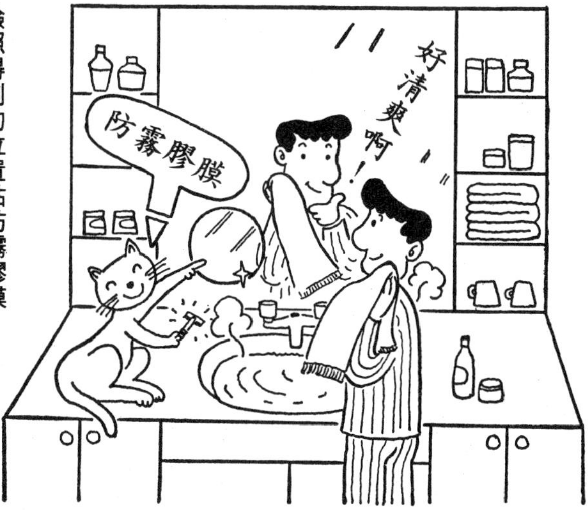

臉照得到的位置貼防霧膠膜

大型洗臉台內放籃子可洗抹布、布鞋污泥

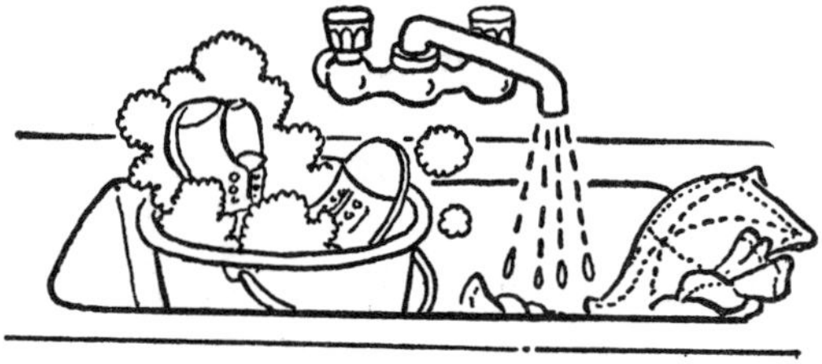

豪華美麗的洗臉台，以前只在旅館、百貨公司看得見，現已普及各個家庭，不但如此，連兼具沖洗頭髮功能的大型洗臉化妝台也愈來愈流行。但現成品都是圓形蓋直接貯水形。

另外，如果家中除了廚房流理台以外，就只有這個洗臉化妝台的話怎麼辦？意料之外，這種家庭何其多……，真是傷腦筋。

布鞋污泥、抹布等要在什麼地方沖洗呢？蹲在浴室裡洗，洗得腰酸背痛，在戶外洗又得忍受刺骨寒風，難道不能在洗臉台洗嗎？

室內設置洗衣、掃除專用水槽最好，但如果空間不夠，則可在大型洗臉槽旁放個水桶，清洗衣物等用品，洗臉則使用專用小臉盆，這種小臉盆也有陶器製品，可自行挑選合適者。

洗衣機旁最好設置手洗台

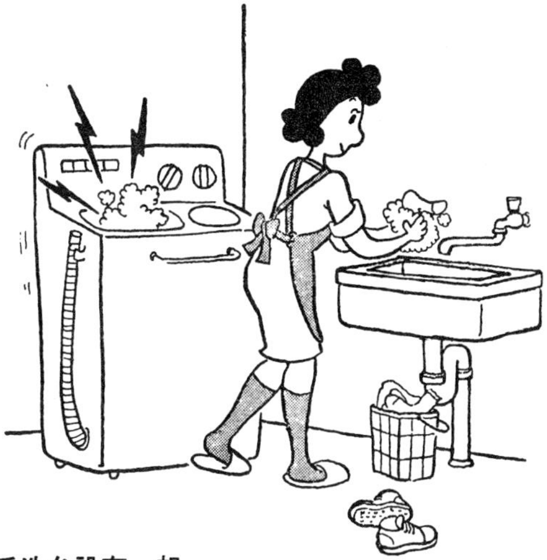

手洗台設在一起

雖然洗衣機在家庭中已經算是普及必須品，但並非一切洗濯都交給洗衣機就沒事了，小孩子的運動鞋、襪子、抹布等，就得靠雙手清洗。另外一些高級衣物也禁不起洗衣機搓揉，而必須手洗。

如果洗衣機旁設置手洗台，即手洗、機器洗可同步進行，所以在決定洗衣場所時，一定要考慮到手洗台的設備。

現在許多房屋設計時都有規劃洗衣室，並且預留洗衣機與手洗台位置，除了洗衣時間以外，均可隱藏起來，不會使位於餐廳、廚房的洗衣室妨礙觀瞻，而手洗台以平底大型使用較方便。

掛毛巾處的牆壁上有發霉痕跡

看過不少人家的毛巾架後方牆壁上有發霉痕跡，四處牆壁都很乾淨，只有掛毛巾處的牆壁變黑，這是因為濕毛巾離壁面距離不夠，通氣不良所造成。

防霉對策最好是不要養成在洗臉台、脫衣室掛很多條毛巾的習慣，即使通風好，但在狹窄的室內也能期待毛巾完全乾。

理想情況是不要一直使用濕毛巾，應該每次洗淨曬乾後再使用，但這在一般家庭而言不太可能，不過也至少一天使之全乾一次。

方法之一是毛巾架不要固定在牆壁上，而採用移動式，早上大家使用過新毛巾後，便與昨日使用的浴巾一起拿到太陽下曬乾，洗臉台處只要放一條擦手巾即可。

但這不但增加每日工作量，而且也必須有場所可供曬乾。

其次是使用有乾燥設備的毛巾架，這需耗費八十瓦程度的電力，而且夏天不需使用，所以不建議各位購買，這是歐美產品。

水晶水栓內側附蓋子不易髒污

看起來很美的水晶水栓，可是……

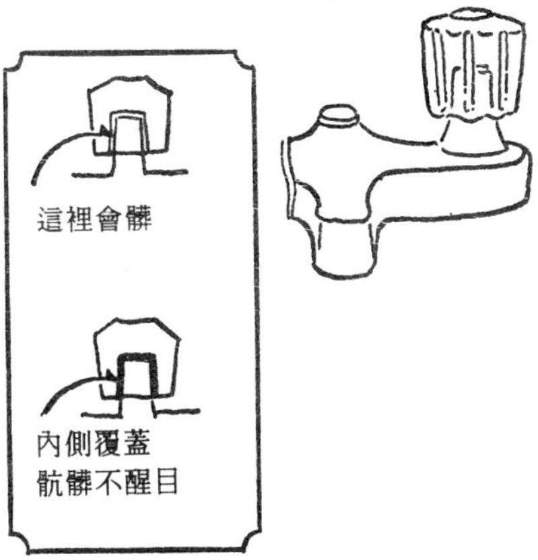

看起來很美的水晶製水栓，能使整個洗臉台感覺舒服，所以很受歡迎。

但它的美麗只有剛開始的幾個月而已。逐漸內部便會因水漬而污黑，要想清洗乾淨就非得大費周章地拿出工具拆卸不可。

其他水栓用品容易髒污，這是大家都知道的，所以如果決定使用水晶水栓，安裝前就必須看看實物，挑選裡面不易髒污者。

一般水晶水栓是以水晶覆蓋在金屬器具上，但有些品牌如圖所示，內側有加蓋子，如此就看不到髒污，也不必拿工具拆卸清洗了。

不過不要忘了蓋子內部還是會髒……，瞭解這點後，請自行判斷是否採用水晶水栓。

圓形水栓把易滑不好使用

水晶水栓代表的圓形水栓把，評價不太好，潮溼的手不易扭轉開，用手掌也沒辦法打開，總而言之，不好使用是不滿的理由。

在使用頻繁的注水口，最好避免圓形水栓，而採用三角形水栓。三角形水栓把手不易滑，指尖容易使力，槓桿形更有利於操作，手掌、手肘均可開關水龍頭，但價格比較高。有使用握把操作者，也有只需輕按鈕即可開關者，可依預算選購。

雙槽式洗衣機適合放在廚房

雙槽式洗衣機在洗濯中必須重複操作好幾次，而且每一階段都必須等上幾分鐘，洗衣↓脫水↓洗衣↓脫水↓洗衣↓脫水，沒有那一階段可自動進行，必須等最後晾完衣服才大功告成。

在這種情況下，洗衣機放在廚房就蠻合適的。在廚房工作也有許多空著的幾分鐘，如此家事同時進行可提高家事效率。

不要有洗衣機應該擺在洗臉室的先入為主觀念，放在廚房不僅節省家事時間，也使洗臉室更寬敞。

洗衣機用防水架反而麻煩

不論是木造房屋或鋼筋水泥屋，如果洗衣機放在一樓就不用防水架。防水架本來是怕洗衣機下積水造成樓下住戶屋頂滲水而用，一般家庭不需要。

最近洗衣機均有良好排水裝置，除了水壓極高的少數地區外，在洗衣當中，水不會溢出來，只要注意排水管放好即可。

防水架比洗衣機大，因此需要更大空間放置洗衣機，而且洗衣機與防水架之間又容易堆積灰塵，要將洗衣機抬起來才可以清掃，相當不方便。

防水架唯一的優點就是，萬一水溢出來不會影響到地板，但從種種缺點來看，一般家庭還是不要使用，噴出來的水擦拭乾淨即可。

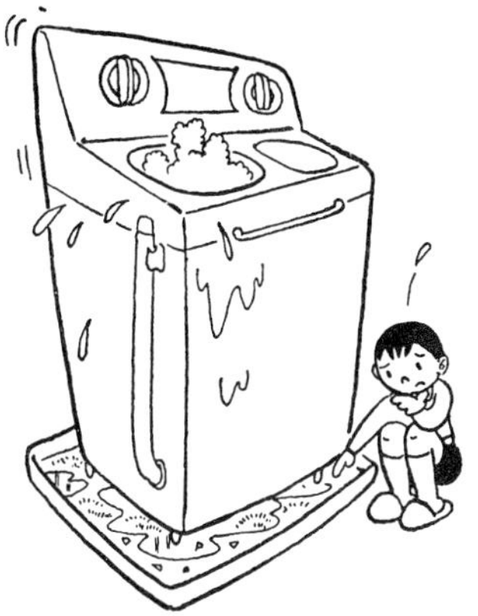

防水板不僅佔空間
還妨礙打掃

脫衣室中的毛巾架可與內衣櫃合併

脫衣室中除了毛巾架外，有放內衣褲的櫃子也很方便，尤其每天必須換洗的內衣褲，家人一人一格分層集中收藏也很適合。

清洗乾淨的衣物有些放這裡、有些放那裡，走來走去也挺費事的。

脫衣室潮溼……，不必擔心這個，只要脫衣室和浴室一起注意換氣設備，溼氣就無法影響收藏櫃。

不必再花錢買新品，只要將舊衣櫃搬至脫衣室即可利用，櫃上也可放置衣籃。

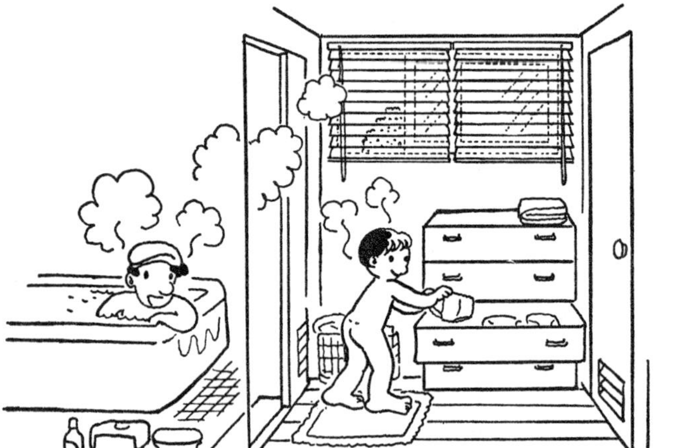

內衣櫃放在脫衣室

第五章　玄關設計要訣

- 玄關不要放傘架，傘架置於門外即可
- 玄關設雙向開關可消除在黑暗中摸索的不便

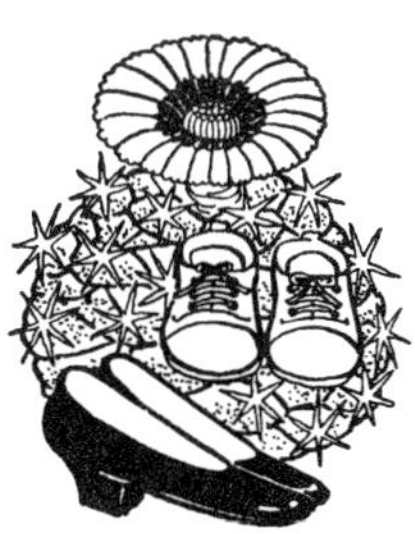

傘架放在玄關外可使玄關更寬敞

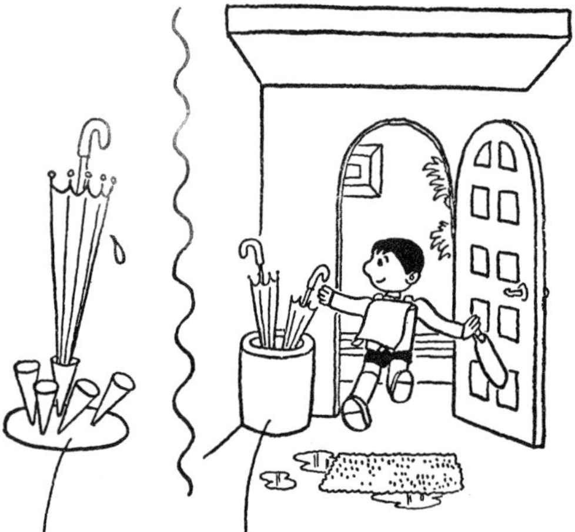

一說到「傘架」，一般人就直覺應該放在玄關，但濕淋淋的雨傘有必要帶進玄關嗎？還不如放在大門外，不但不會弄髒玄關，還可以使玄關更寬敞。

也有人將傘架當成玄關裝飾品，這是特例，普通它都只是個必須品而已，所以建議各位放在大門外。

為了不使大風將傘架吹倒，應該挑選夠重的物品，但若考慮到雨天以外的日子要收起來，那就以方便移動為條件。

陶器傘架安全、種類豐富，有只在雨天才拿出來的圓盤型，這種傘架移動簡單，而且不會佔據門外空間，方便又實用。

選擇玄關鏡子注意影像是否歪斜

玄關有面大鏡子，不但外出前可檢查全身，對於訪客也是一大助益。

鏡子的位置盡量以能照到鞋子、至少離二公尺照得到全身為理想，映照全身的大鏡子約為身高之二分之一，取稍微寬裕一點，以四十五公分×一二〇公分為理想。

挑選鏡子應注意親自照照看，遠一點站立、坐下，近一點站立、坐下，檢查是否影像有歪斜，如果鏡面不平就會歪斜，所以要確認表面平滑。

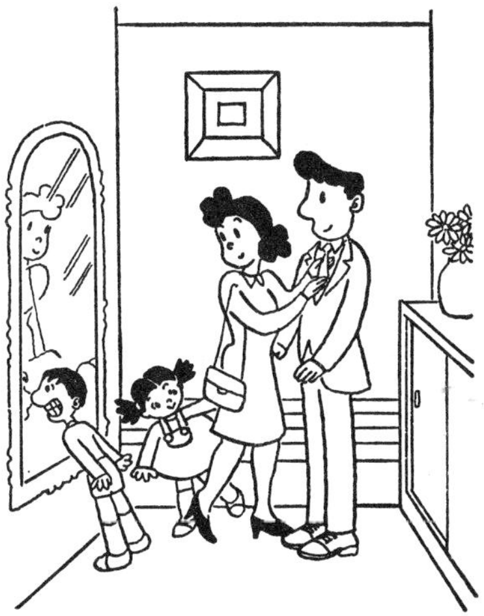

注意影像有無歪斜

連接板和玻璃厚為五分、六分、八分就不必擔心，但要注意豪華外框的鏡子，常常有鏡框美而重要的鏡面卻歪斜的情形發生。

費用依大小、形式而異，不過不加外框的鏡子花費不大，只要到鏡子專門店訂製即可。

外套衣櫥和衣帽架是玄關必需品

玄關必須收藏處可大分為二，一是收藏鞋子的矮櫃，另一個是夠高、夠寬放置外套的衣櫥。每個人都會想到在玄關設計鞋櫃，卻往往忘記重要的外套櫥。

但如果玄關沒有外套衣櫥，那就得將在玄關脫下的大外套拿進房間裡，甚至和乾淨的襯衫等衣服掛在一起，不符合衛生條件。

那麼，外套衣櫥的大小怎麼樣才理想呢？即使地方狹窄，至少也要六十公分，深度確定後，只要有空間，即可儘量設計寬一些。

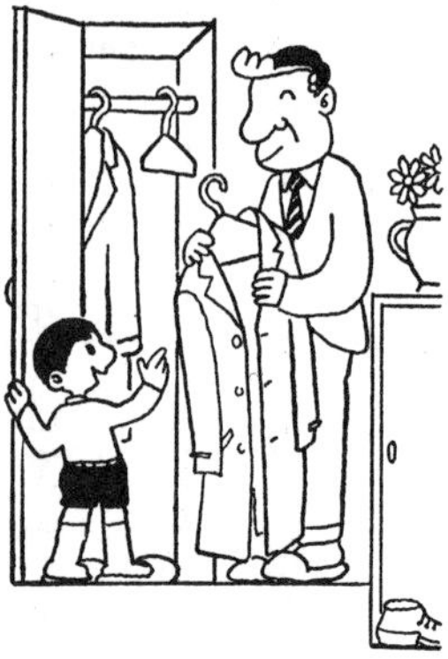

玄關設外套櫃很方便

另外，如果能為來客設計衣帽架就更理想了，即使沒有訪客，也可供家人暫時掛外套。

如果沒有衣帽架，那客人就只能將外套放在沙發上了。

希望各位養成在入門後脫外套，隨手掛入外套衣櫥的新習慣。

附鏡板的壁面釘衣帽架才不會沾污牆壁

不少家庭為了節省空間而沒做衣帽櫃，他們將掛鉤釘在牆上掛衣服。

但這種衣帽架長時間使用於水泥漆壁面上，每天取放外套容易沾污牆壁，如果認真清掃又會留下痕跡。

在此建議各位在壁面釘鏡板，光是普通板子也可以，或者選擇兼具裝飾用的裝潢板，不但具實用性，更可達到美化玄關的效果。

尤其市面上有販賣一個衣帽架可掛多件外套的製品，適合狹窄玄關使用。

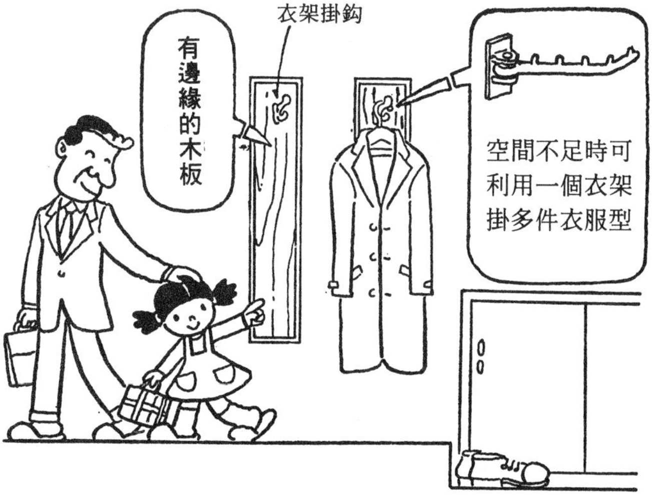
空間不足時可
利用一個衣架
掛多件衣服型
衣架掛鉤
有邊緣的木板

隱藏式鞋櫃可解除鞋櫃不足之困擾

玄關滿佈鞋子，看了只會讓人感覺不舒服，為什麽已經有了鞋櫃，還會出現這種景象呢？因為鞋櫃裡已經擠滿平常不穿的鞋子，沒有空間再放剛脫下來的鞋子了，如果再添購大鞋櫃，那玄關就更小了……，這些是最常見的辯解理由。

在此提議隱藏式鞋櫃，這和一般鞋櫃不同，是在玄關不必脫鞋子的歐美人家用於寢室的鞋架，但我國習慣進屋內即脫鞋，所以將隱藏式鞋櫃設計在玄關。

這種設計很簡單，如圖①所示，在外框下做鞋子抽屜，愈深就放得愈多，最前排可放日常用鞋，但外框下至少要有二十公分空間。

另外一種是地下收藏式鞋櫃（參照圖②）大小自由設計，也可收藏馬靴等高筒鞋子，但為了和地板保持整體感，不要使用現成鋁合金製品，最好請木工訂製，考慮到防潮，最好採用木製品。

以上二種都有助於鞋子整理，而且又不會浪費玄關空間。

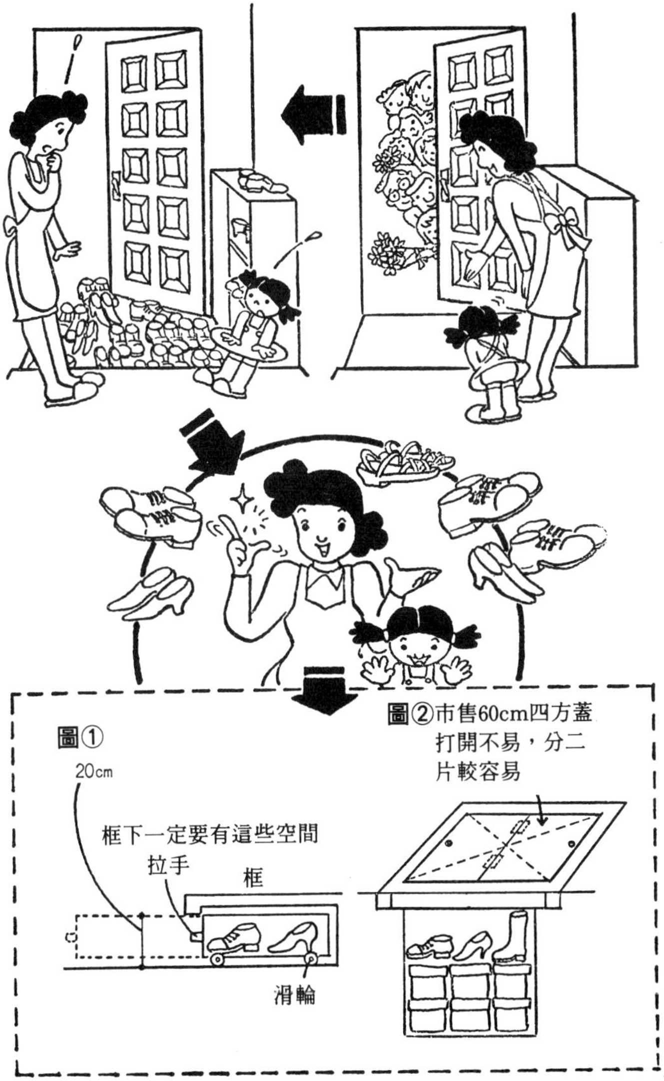
圖①
20cm
框下一定要有這些空間
拉手
框
滑輪
圖②市售60cm四方蓋
打開不易，分二
片較容易

隔板可取下的鞋櫃能放長筒靴

不少女性喜歡穿長筒馬靴，但在收藏時卻備感困擾。

市面上販售的鞋櫃無法放長筒馬靴，就算能放，頂多也是一～二雙。在這種情況下，建議妳挑選隔板可以拆下的鞋櫃，如此一來，當冬季必須增加馬靴放置量時，只要將隔板移動即可。

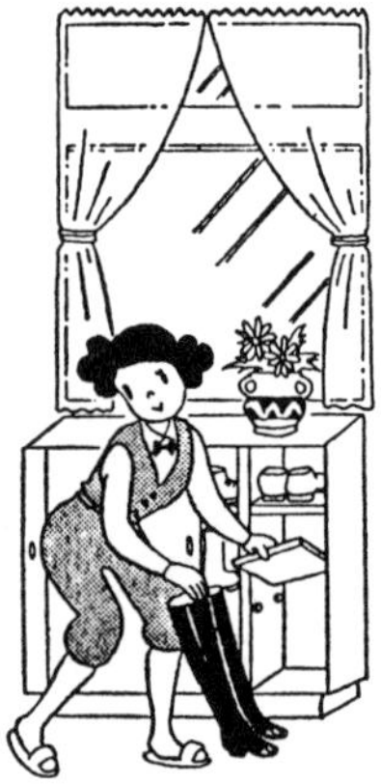

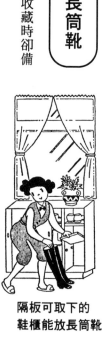

隔板可取下的鞋櫃能放長筒靴

玄關安裝雙向開關可免深夜回家在黑暗中摸索

深夜回家，家中一片漆黑，入門後必須在黑暗中脫鞋子，然後摸黑找開關開燈——這樣不僅很不方便，而且容易發生危險。

為了避免這種事情發生，建議各位一定要在玄關處安裝「雙向開關」。所謂雙向開關就是，一處照明可由二處開或關，如圖②所示。可從A處開B處關，也可從B處開A處關，相同原理也可延伸至一處照明可由多處開或關，此優點利用於玄關處很合適。

玄關雙向開關安裝方法有以下二種，如圖①很理想，如圖②則使用輕鬆。

①前門或後門入口處設一防水開關，然後室內某處（客廳或房間）也設一個玄關照明開關，如此一回家就可享受留一盞燈的溫馨。

②玄關門內側設雙向開關，但這時開門後仍得摸黑開燈，不過由於就在門邊，所以不會感到不自由。

然而並不是每個家庭都需要安裝這種開關，如果家中隨時有人就無此需要。

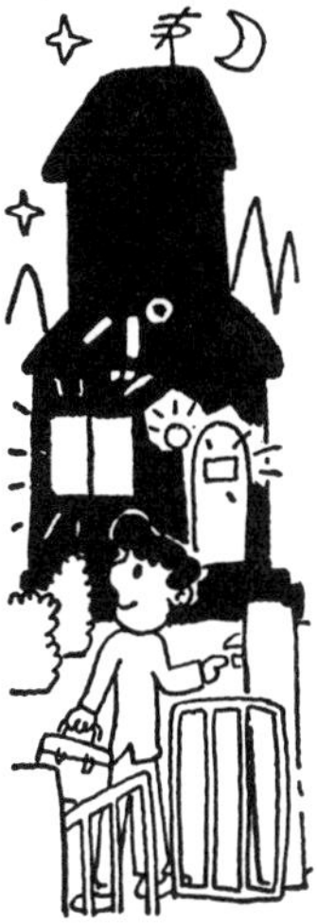

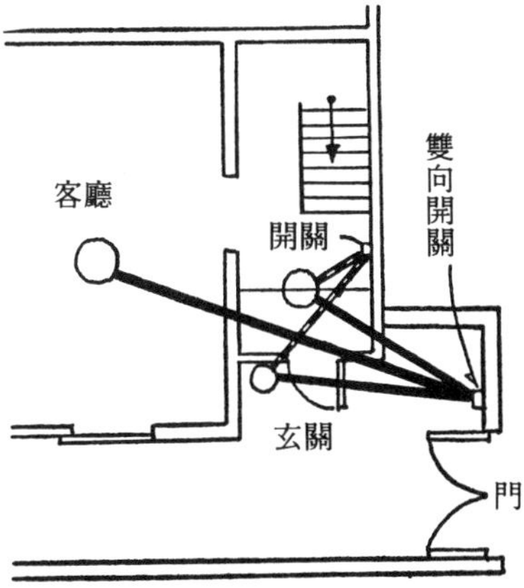

圖①

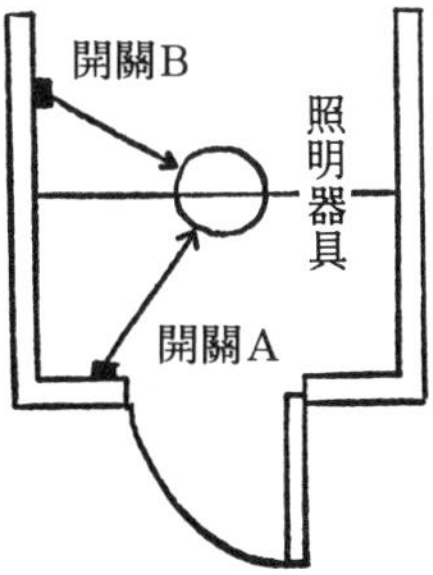

圖②

玄關處擺張凳子方便待客

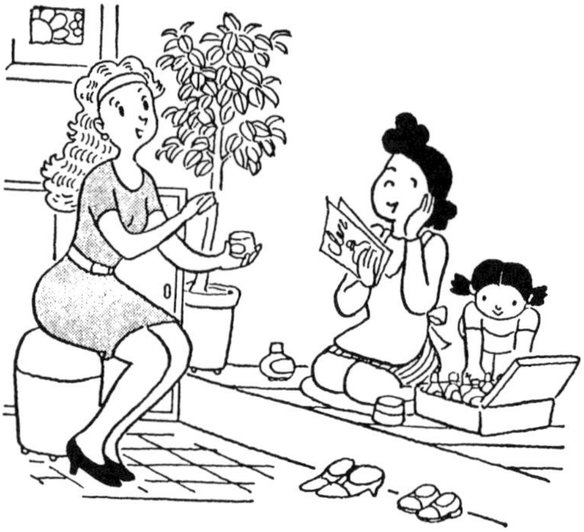

玄關放一張凳子方便待客……

最近住宅流行玄關進入大廳的地面有落差，如此內外之分受歡迎。

但這就關係到我國在玄關穿脫鞋的生活習慣了，這種落差不適合坐在地板上綁鞋帶，也不適合放個坐墊在玄關接待客人。

這時如果能在玄關處擺一張凳子，就方便多了，如果玄關夠寬敞，擺一張可以放鞋子的矮櫃兼坐椅亦可，除了穿脫鞋，待客之外，有時從外面買回來的物品，也可先放在上面，一舉數得。

經常有客人來來去去的家庭，這種構想最合適，常有客人說幾句話就走，如果還得脫鞋入內很麻煩，這時就可在玄關接待。

只要一支魔術鑰匙就全家門鎖適用

除了玄關門以外，你一定還得帶其他家裡的鑰匙在身上，是不是覺得很重呢？

如果你用魔術鑰匙，就可以將玄關、後門、寢室等家中鑰匙合一，省去找鑰匙的麻煩，也方便攜帶。

你也可以將玄關用鑰匙與玄關、後門、寢室用鑰匙分開，小孩上學讓他帶後門專用鑰匙，用這把鑰匙無法啟開玄關門。

只不過這種專用鑰匙組合限於同一廠牌種類，一般家庭以玄關、後門專用鑰匙與補助鑰匙四支配成一支魔術鑰匙較恰當，除了製作鑰匙費用之外，幾乎不必再花其他費用。

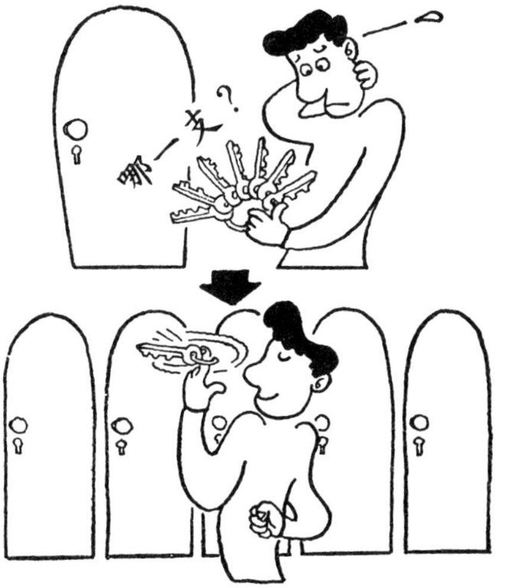

腳踏墊放在玄關外更具效果

各種的腳踏墊

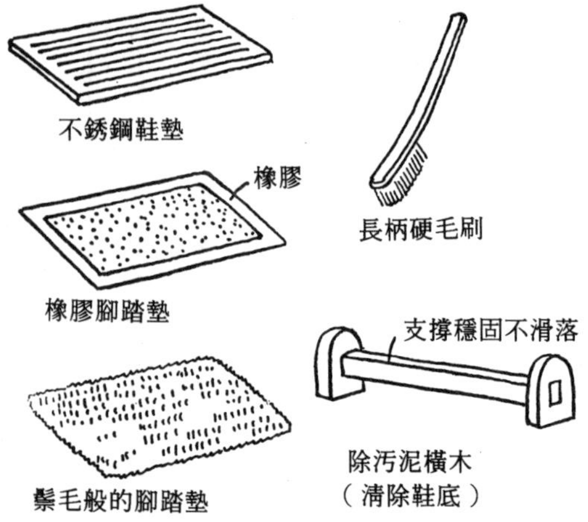

進入玄關後常常可以看見一塊腳踏墊，但鋪設位置似乎有點不對。腳踏墊為了清除鞋子上的污泥、因此應擺在玄關外才具有效果，擺在玄關內脫鞋子位置的腳踏墊，只不過是裝飾品而已。

現代道路鋪設柏油路面已很先進，鞋子上很少沾染污泥，但有時鞋底還是會踩到一些髒東西，如果養成先在腳踏墊抹上二～三下的再入玄關的習慣，相信一定可以減少玄關污染程度。

在鄉下地方，除了腳踏墊還不夠，玄關必須品還有如圖所示除掉污泥用的橫木與長毛刷，只要備妥這三項用品，玄關必可常保清潔。

從玄關進入住宅後立刻有樓梯很危險

從玄關進入屋內後，有的住宅立刻設計樓梯（圖①），這種從玄關可以看見二樓的直線樓梯設計很不理想。

不僅感覺不好，而且威脅居住者的安全，萬一從二樓摔下來，直接滾到玄關堅硬地面上，其危險傷害程度增加數倍。

如果樓梯位置非得置於此不可的話，建議將入口改成如圖②所示，九十度彎曲設計。

圖①

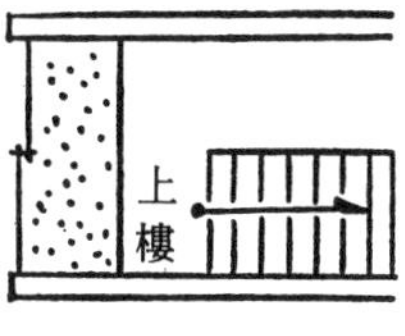

圖②

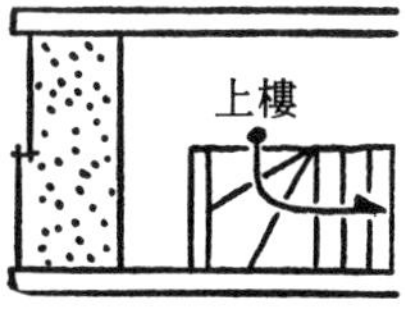

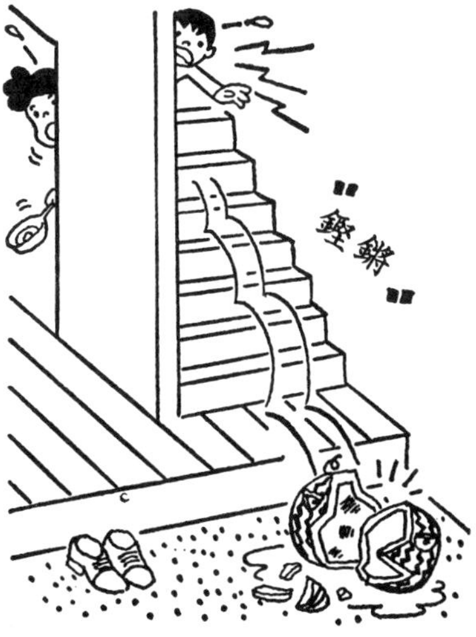

玄關門增設紗門可增加涼爽度

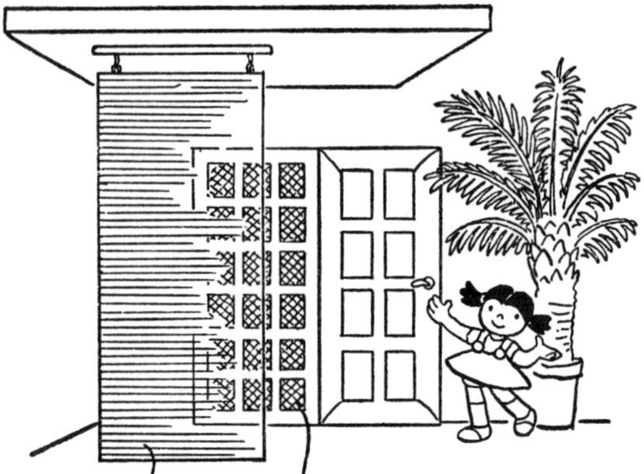

玄關門如果維持開的狀態，則有片紗門就好多了。

紗門經常被設置在廚房後門或窗戶上，玄關就很少注意到。

但玄關是個大開口，為涼風重要通道，如果只關紗門而將玄關門打開，可增加屋內通風，而且不怕小蟲子等異物進入屋內。

如果擔心路上過往行人看到屋內，則可在門外再加裝竹簾。

如圖所示經過雙重屏障後，應該就能在享受涼風之餘，沒有隱私顧慮了。

玄關使用玻璃門可確認訪客，而且感覺更寬敞

　　當電鈴響起時，就得躡手躡腳地從門上電眼偷看是什麼人，確定沒有安全顧慮時才敢開門，這種心情實在不太舒服。

　　這裡有一個方法，就是裝玻璃門，使屋內人可以確認屋外人，從安全方面考量，最好使用戶外很難看見屋內的小格子玻璃門。或者不用整片玻璃門，只在門上開個玻璃窗也可以，但注意不要太小。

　　另外，玻璃門還有使視覺更寬廣的效果。

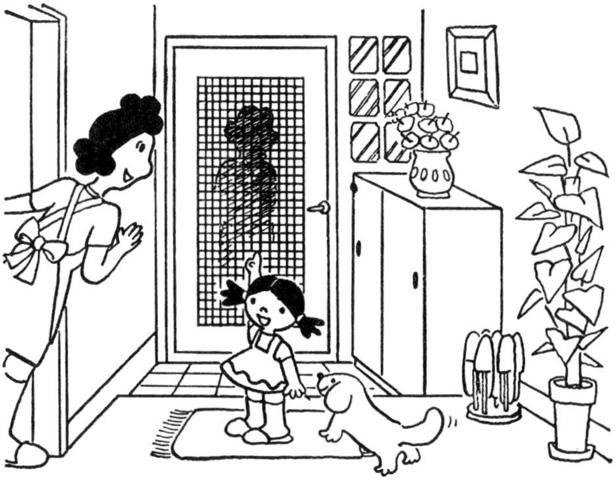

玻璃門可確認訪客

規定小孩從後門進出可常保玄關美觀

歡迎訪客的玄關，就像這個家的臉一樣，應該隨時保持乾淨整齊，如果決定住家第一印象的玄關雜亂，則住屋的價值就減半了。

但光靠家庭主婦一人維持玄關美觀很難，尤其是有小孩的家庭，一天進出好幾次的小孩，很容易光是鞋子就把美麗的玄關破壞了，而且小孩不會注意鞋底汚泥，常常將泥沙帶進玄關。

在此，建議在小孩小時候，乾脆禁止他們從玄關出入，規定「大人走玄關、小孩走後門」，如此則只要一天打掃一次玄關，應該就可以維持玄關清潔。

如果將後門視為小孩專用玄關，則設計上就得花工夫了，這時有個小鞋櫃很方便，不必像玄關那麼豪華，可以利用隱藏式鞋櫃兼小孩坐椅，這樣就不會影響到狹窄的廚房後門了。

隱藏式鞋櫃也許擔心廚房後門沒有拉出抽屜的空間，這時得注意不要做太深，或者延著牆壁做一排細長型鞋櫃，也不會占據太多空間。

第六章　走廊、樓梯設計要訣

●外開式大門與走廊落差十公分才不影響拖鞋

●壁掛式電話或對講機最好比肩高

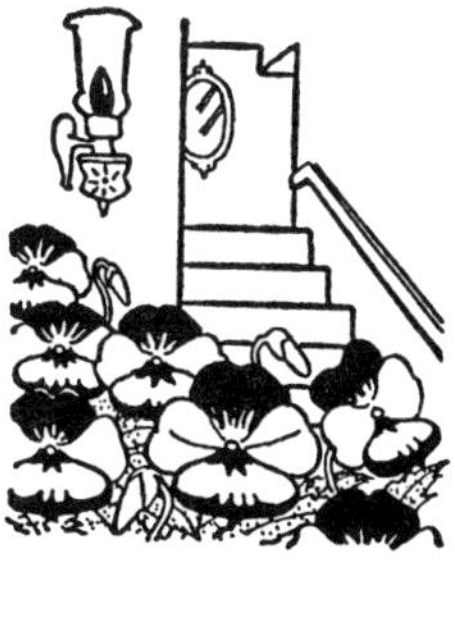

走廊不明顯的落差容易發生事故

走廊途中有幾格樓梯，很容易引起注意，但突如其來的一小段落差，往往因疏忽沒注意到而摔倒，因此住家中應避免毫無意義的落差地面。

有人認為自己的家人應該會記得自己家何處有落差，其實錯了，即使家人記得，但例如發生緊急事件時就會突然忘記，還有小孩、訪客也不太會注意到地面落差，常常發生意外。

有時看見公寓、大樓設計，從走廊進入屋內的入口處有落差，人們往往有先入為主的觀念，那就是外低內高，如果屋內比屋外低，好像總是怪怪的，所以最好避免這種非常態落差。

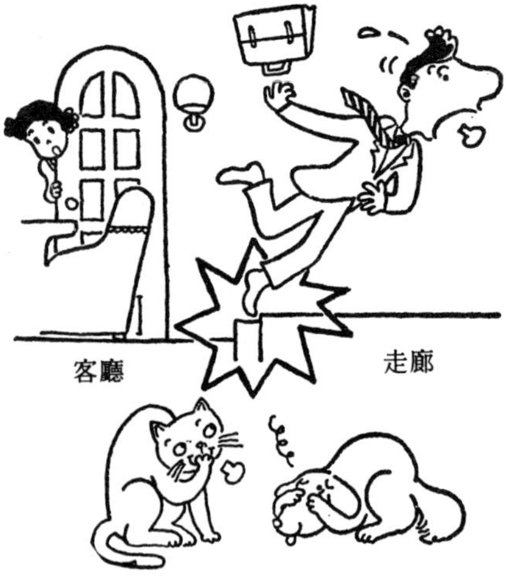

向外開的門應與走廊相差十公分，才不會影響拖鞋

和室入口最好用拉門，如果一定要用開門時，由於內側是榻榻米，所以只能向外開。

普通和室與走廊落差只有三公分，但這樣放置在外面的拖鞋會影響門的開關，尤其現在鞋子款式多，鞋跟高，所以最好留十公分以上的落差。

這項注意點不僅適合於和室入口，也通用於其他需換拖鞋的門口。

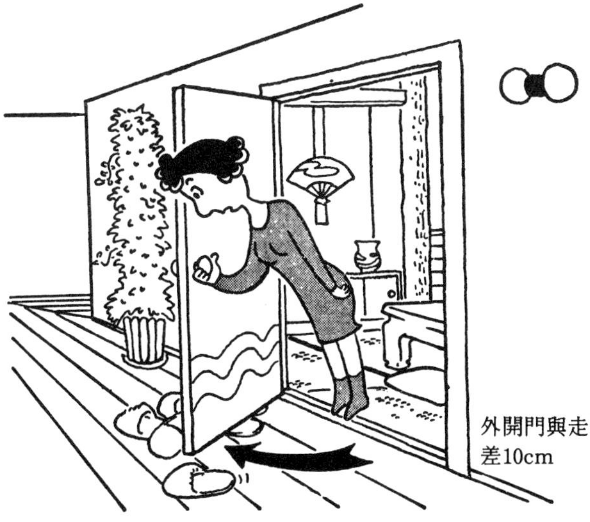

外開門與走廊落差10cm

家中鋪地毯就不必穿拖鞋

木製、塑膠皮地板只要不是每天打掃，當不穿拖鞋時，白襪底就會一片黑，沒辦法，只好穿拖鞋。但拖鞋管理也很麻煩，拖鞋底必須經常清洗，或常換新品。也有人乾脆就赤腳。此時如果家中鋪地毯，只有餐廳、浴廁、廚房才舖地板磁磚，則不但腳底不會冰冷，白色襪子也不會髒了。

採用入橫木設計節省掃除麻煩

與牆壁最下部地板接合的裝潢板稱為橫木，一般如圖①所示，橫木比壁面突出，為出橫木，由於橫木比壁面突出六分左右，這一點點部分只要怠於打掃，便會堆積灰塵。如圖②所示，橫木入壁面為入橫木，這種設計不但使房屋地面增寬，而且塵埃不會堆積，雖然只是一點點，也能節省打掃工夫。

但入橫木在施工時必須注意，如圖③所示，將壁材嵌入柱子的一部分，會出現一條溝，因為入橫木部分是縮入，所以看得見溝，而這道溝如果積灰塵就不易清除。如果要採用入橫木施工，則溝一定要露出至橫木上部（圖③的Ⓐ）請施工者注意。

如果這道溝已經形成時，可以塞木板，塗上同色油漆，就不必擔心灰塵了。

圖①　出橫木

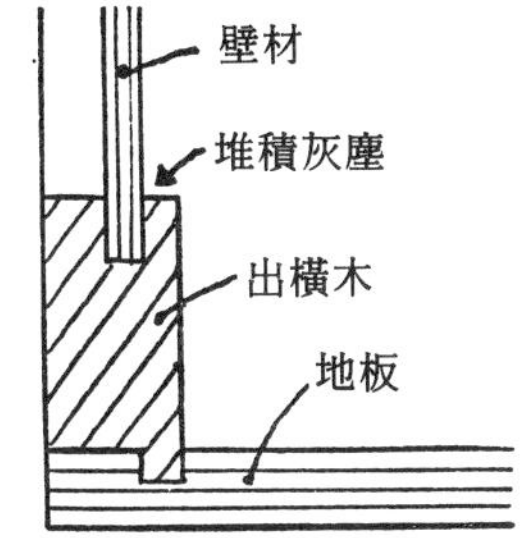

圖②　入橫木

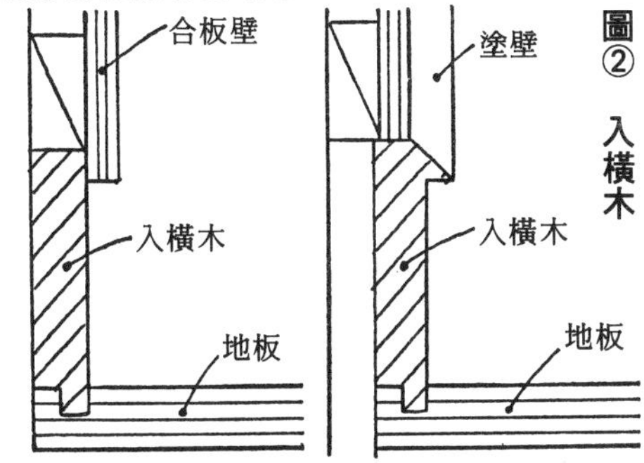

圖③

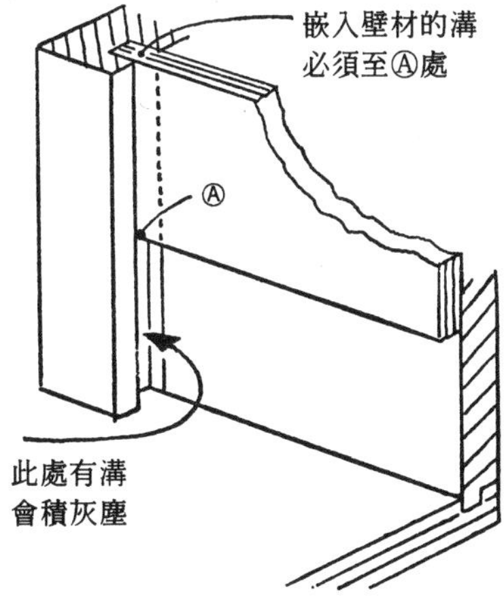

壁掛式電話或對講機位置應比肩高

一般壁掛式電話的高度應該在人橫向最寬處，亦即比肩部稍微下方（離地一三〇公分左右）。

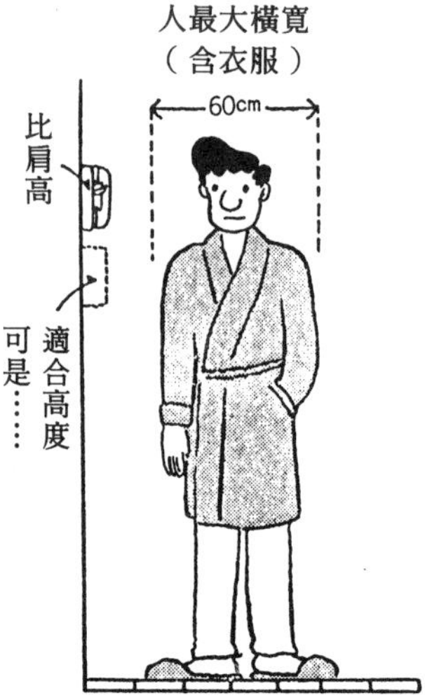

但以使用方便為基準，如果設在狹窄的走廊或樓梯口，走動時會碰到肩膀，往往使得話筒掉落，所以還是以比肩高為合適。

高度應以家中最高者為基準，手搆不到的小孩，還是不要讓他使用壁掛式電話，而且壁掛式電話多半設在二樓走廊等使用不頻繁之處，所以應該不會影響大多數家人使用。

更改電話線可以請電器行，位置移高後原本的洞穴可以用「電器蓋板」蓋住，不會影響外牆。

樓梯壁面貼木板可防手摸骯髒

如果樓梯夠寬，建議你做扶手，但如果樓梯狹窄，則扶手反而顯得擁擠。

即使有扶手，但在上下樓梯時容易失去平衡，常會順手扶牆壁，漂亮的牆壁沒多久就被摸黑了。

在此建議你釘木板，原本還是容易髒，所以一定要加工處理過或上漆的木板。

除了樓梯牆面之外，在狹窄的玄關等手容易觸摸的壁面，也可以利用木板。

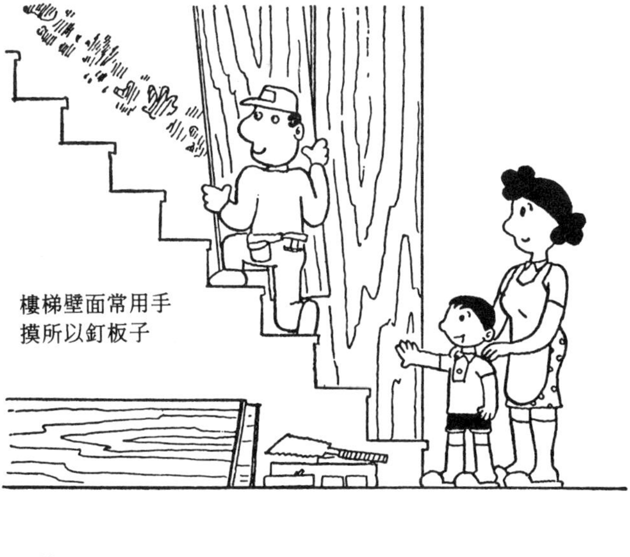

樓梯壁面常用手
摸所以釘板子

樓梯下的玻璃門容易引起死亡事故

看似安全的家裡，也隱藏著意外的危險，跌倒、被高架物掉落壓傷、從樓梯滾下等等家庭事故，比你想像的還多。

其中以「從樓梯摔下」的事故居榜首，傾斜、狹窄、材質易滑都是原因，但最大的原因還是不小心踏空，從樓上跌下。

雖然這種不小心踏空無法從建築上加以防範，但卻可使事故減至最小，最危險的就是樓下的玻璃門。

不論採光多好，樓梯下的玻璃門都必須絕對禁止，以防衝下來後撞到玻璃衝出戶外。

即使你必須變更設計，也請一定嚴格遵守此項，不得已也只好採用木門了。

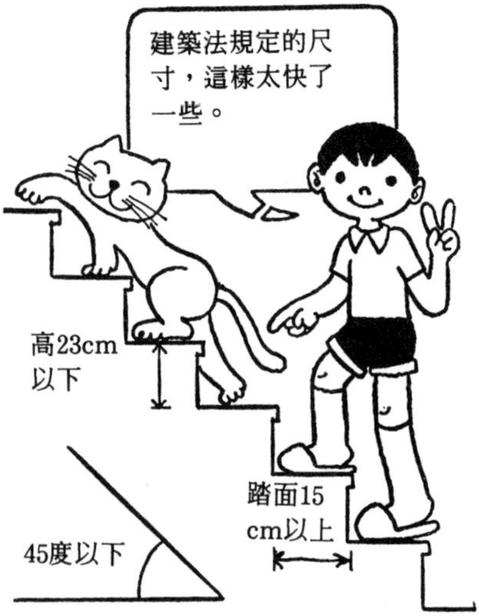

樓梯中途彎曲也要保持梯面深度一定

常見彎來彎去的樓梯，這時轉彎部分的樓梯設計非常重要。

但將轉彎分為三段，則梯面太大，一層樓梯中途斜坡變大，容易使步伐亂掉。

這時建議如圖所示，以人的步幅六十公分為準，從內側壁面算起三十公分處的梯面深度維持一定，只要梯面固定，步伐就不會混亂，容易上下。

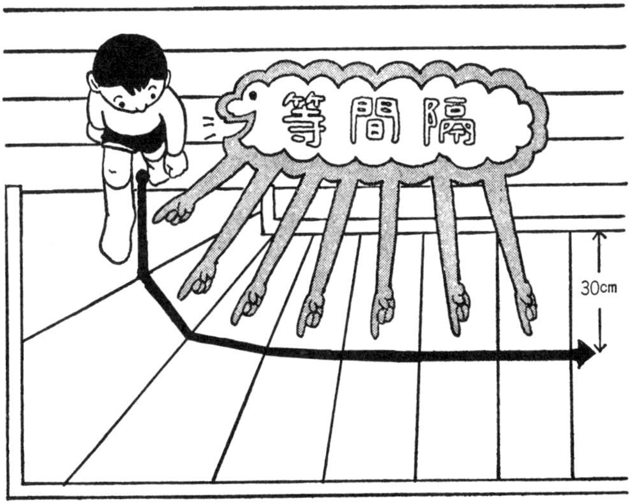

書架不夠時也可利用走廊腰壁

雖然生活簡樸，但物品還是不斷增加，消耗品沒有收藏方面的困擾，但書籍就不同了，讀一次就丟的書不多，新書又不斷出版。

書架雖然很多，但卻依然不夠用，或為了維持書房空間舒適，不能做太多書架。

此時建議你往走廊尋找空間。走廊是一般人比較不會注意到的地方，由於人體胸部以上比較寬，所以三尺（一尺＝三十・三公分）寬的走廊大約有九十公分寬，下半部就可以當書架位置。

但雖說是三尺（九十一公分）寬的走廊，加上施工作業後，實際有效寬度卻不到九十公分（真壁構造的場合）大壁構造則只有七十三公分。

書架至少需要二十四公分深度，所以真壁就只剩六十六公分通道、大壁四十九公分通道，這種寬度是太窄了一點。在此建議你將大壁走廊利用為文庫本專用書櫃（圖①），文庫本只要深十二公分即可，如此則尚餘之一公分通道可以通行。如果是新居則以圖②設計為理想，利用壁厚一開始就做嵌入型書櫃，即使深二十五公分的書櫃，實際上突出走廊部分也只有十五公分而已，不但不會影響步行，而且可增加走廊利用。

圖①

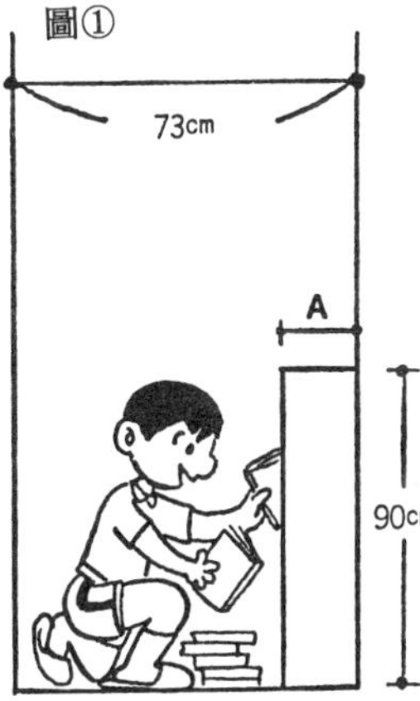

Ⓐ32K本用16cm、25K本18cm

圖②

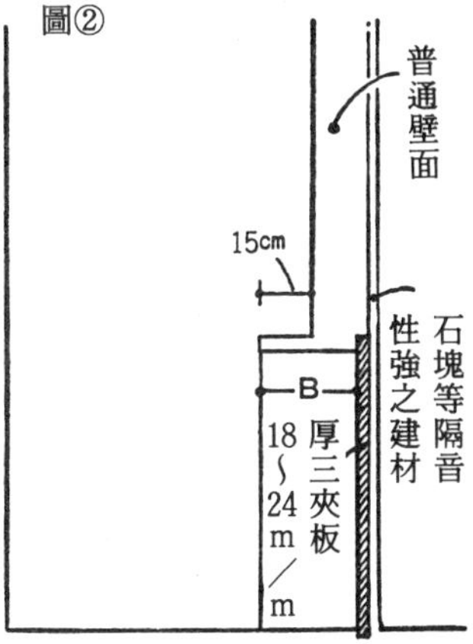

Ⓑ深25cm、走廊突出15cm即可

長廊下、樓梯處的外開門危險

在走廊途中開門會讓人嚇一跳，如果門是往外開，更會發生撞到行人的危險，這就是門要往室內開啟的原則理由之一。

如果遵照原則當然沒問題，但如果有安全方面其他考量，或使用方便的問題時，還是得採外開方式，這就是建築設計的困難處。

例如廁所門外開的場合，可在門上裝大型玻璃，或改變廁所位置，從方便性與安全性兩方面著手。

但一定要避免在長廊上，樓梯口危險場所設計向外開的門。

常夜燈應設置在重要位置的腳部

常夜燈應以照明足部為目的，設置在重要位置的牆壁下部。

常夜燈有①內藏蓄電池，需要時可拔下當手電筒使用，②埋入壁內型③向下投射型④簡易插入插座型等各種選擇。

②與③都需要經過施工設計，在此推薦各位①型可當夜燈及手電筒製品。

當突然停電時，往往得在黑暗中尋找手電筒，如果遇到電池用完時，根本無法使用。而充電式手電筒兼夜燈就沒有這種補充電池的困擾，只要決定好位置之後，即可不必擔心停電困擾。

任何家庭都需要準備一台常夜燈，平常看也許是浪費，但有需要時卻是無價之寶。

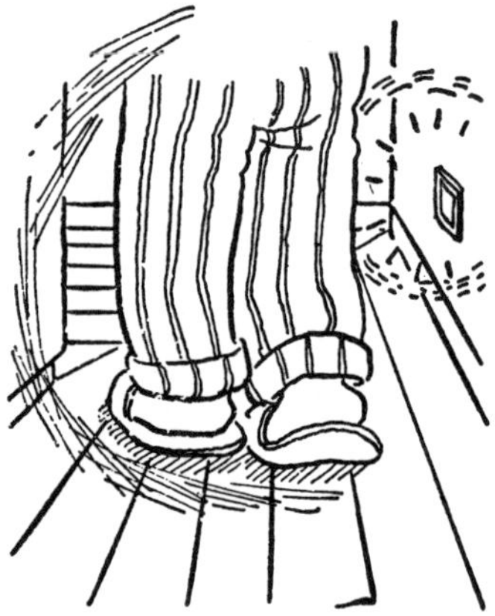

足部照明為重點

第七章　隔間要訣

- 樓中樓有優缺點
- 和室舖木板使房間更寬敞

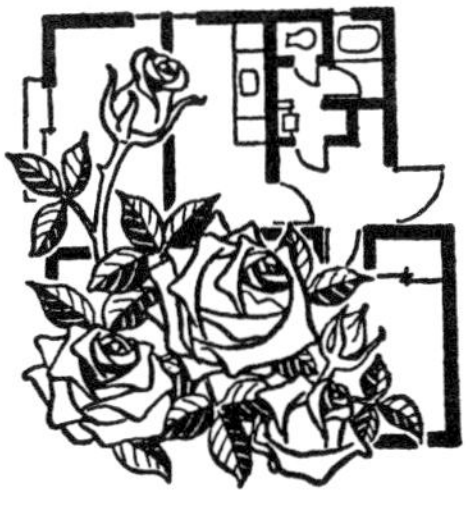

北側房門開天窗，夏天不必冷氣

有效活用北向天窗

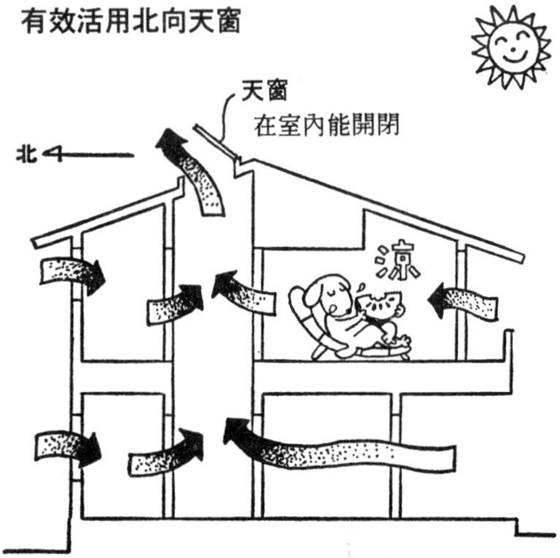

牆壁上只要有窗戶三分之一大小面積的小窗，即可期待與窗戶相同的光線，雖然只有六十平方公分就很亮了，這就是天窗。但卻有夏熱冬冷的缺點。

這時最好設在太陽直射不到的北側，儘量是有樹蔭或高建築物遮擋的位置，而且中間必須有雙層玻璃以防止乾燥空氣，否則戶內戶外溫差必造成結露。

而且以室內容易操作開關的位置為理想。在沒有冷氣的盛夏，天窗對降低室內溫度很有效，所以一定要設計開關裝置，與盛夏的冷氣費相比，北向房間裝天窗開關裝置伐算多了。

樓中樓一定得用暖氣床

樓中樓的一樓與二樓是立體設計，從一樓呼叫，小孩就可以在二樓應答，有其生活上的樂趣，這是彌補平面不足的優點。

但這項優點也需要付出代價。

其中之一就是暖氣浪費。以一般暖氣設備而言，暖氣集中在天花板附近，除非腳部再利用另一台暖氣設備，否則會冷得受不了。

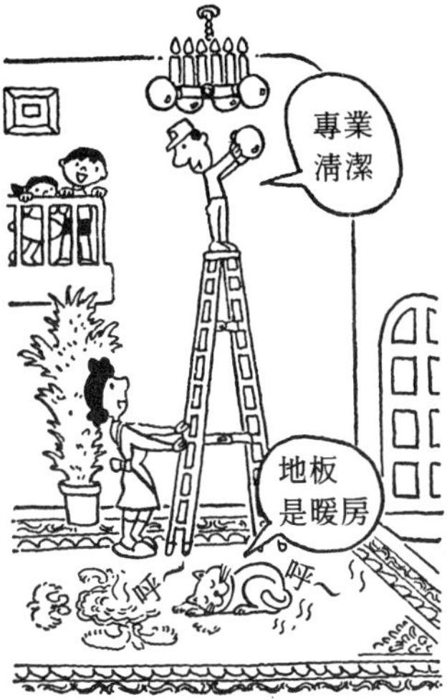

另一項缺點是天花板吊燈的掃除問題，恐怕得請專門清潔公司打掃了。抬頭看見天花板的灰塵或窗戶污染不舒服，如果要常保樓中樓的美麗清潔，就只有多花時間與費用了。

樓中樓有其魅力，也有其不便之處，得先衡量輕重後再決定適不適合你家。

隔間不佳時先想想看有沒有不要的東西

隔間重點不少，其中之一就是「捨棄不必要」。而且隔間時要將各種事同時放在腦海中構思，但卻要從各種不同方向思考，這就是「捨棄不必要」的開端。

「捨棄」時首先得找出你拘泥於什麼，在不知不覺中發現自己所拘泥的部分，而且將其捨棄，便會發現隔間容易多了。

當你為在意的隔間所困擾時，先冷靜想想是否有不需要之處。

這裡介紹二項重點。

也許不要的東西是隔間牆壁，換句話說就是房間數。在有限的空間裡，不必要的房間不是浪費嗎?房間分得愈細愈覺得房屋狹窄，而且工程費也增加。內部牆壁愈少愈好。

檢查看看是否有相同目的的房間。

例如小房子裡設計餐廳與茶室，其實二者可以結合為一，大住宅才需要細分。

再看看餐廳與客廳，也許你會認為餐廳和客廳本來就應該分開，萬一家人在用餐時有客人來怎麼辦?想想看，誰會這麼突然造訪，應該只有很親的人吧!也許他們可以坐在沙發上等你們吃飽，也許可以一起用餐也不錯啊!如果餐廳兼客廳，就不必一套客廳家具、一套餐廳家具，直接一張大餐桌與坐起來舒適的椅子即可，如此則有更大空間可利用。

洗臉室與廁所之間也不用隔牆壁，一整間不但空間較大，打掃起來也方便。

接下來找找看有沒有不必要的出入口。

為了從哪裡到哪裡的希望而隔間，這種限定太死板。而且一般牆壁少、出入口多，在構造上屬於不安定的房屋，尤其廚房出入口愈多，則動線愈複雜，不但隔間困難，也會影響到調理作業，廚房有後門的確很方便，可以從廚房直接到洗濯場所，但門數增加則相對作業台面積減少，會增加廚房工作的不便，反之，為了增加作業台而將廚房拉寬也因動線延長而缺乏效率。調理一日三次、倒垃圾一日一次。

隔間不僅在自己設計時必須注意，在委託專家時也不要忘了留意出入口是否有必要，應先將大概構想、需要告訴設計師，讓設計師在屋主限定條件下做出最寬廣的空間設計。

親自在圖面上做家具配置

委託房屋設計師後，就只有等待完成，這樣無法享受創造新居的樂趣。

計畫新居時，最好親自思考家具擺置場所，這樣不但符合自己最實用性，還可創造出富有自己色彩的住宅設計。

首先看圖面比例尺，如果寫1／100，或S＝1:100，就表實際長一公尺，在圖面上是一公分。比例尺為1／50代表實際一公尺為圖面二公分。

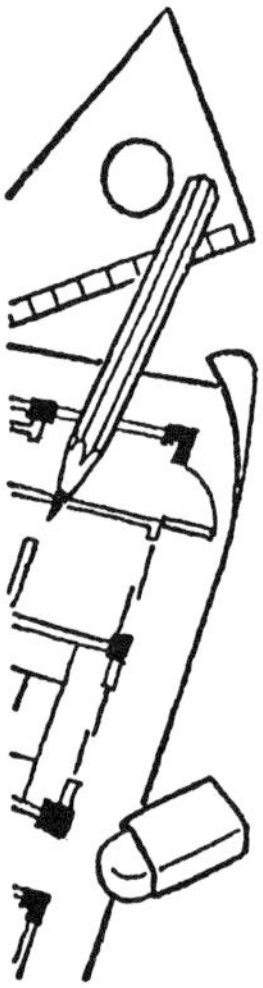

接著準備厚紙板，將希望放在這裡的家具按比例尺縮小剪下。型紙可在文具店買到小學生工作用的五平方公厘小格紙。

但若比例尺為1／100時，恐怕太小而不好配置家具，此時可擴大影印二倍再使用。

實際移動各家具紙型再決定位置，在不影響重大工程的範圍內，均可照用。例如在三尺寬的走廊上想擺家具，這時就一定得將走廊擴寬才行，為了配合家具大幅施工，影響就太大了。

如果家具要配合壁面與壁面之間的尺寸時，就要特別注意，此時差個幾分都擺不下，所以一定要先確定尺寸才行。另外，配合家具寬度應再預留五公厘、十公厘，以防家具邊緣、施工、插頭等突出物。

當你希望家具如何配置時，也應該通知施工者，這樣才能達到最完美的配置。

利用地板下貯藏庫收玩具可保持整齊

地板下收藏庫的魅力幾乎都被泡菜、啤酒等廚房用品佔領了，這是其他場所比不上的最佳收藏處，這麼好的收藏庫不限於在廚房使用，也可利用在小孩房當玩具庫，消除小孩房的雜亂。

二樓小孩房的地板下空間少的場合，有二樓專用淺底既製品，小孩房用這種就夠了，但注意地板蓋邊緣不可有突出物，以免小孩傷害。

小孩房牆壁釘木板可防髒污

女孩房用粉紅花色、男孩房用藍色系，一到小孩房就立刻感受到這是小孩房的設計傾向愈來愈濃，但這不是父母親單方面的構想嗎？

其實小孩房最注重讓小孩自然發揮，有時在牆上貼自己的作品，有時掛喜歡的圖片，不

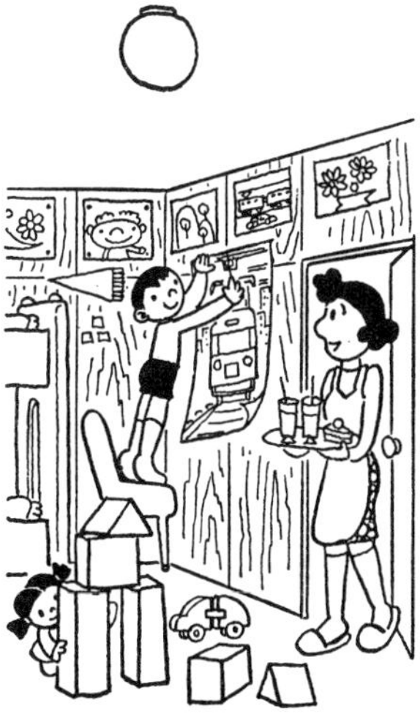

同年齡會創造出不同的牆壁。在此建議各位釘三夾板可以貼上壁紙，也可塗上油漆，如此一來，和鋼筋水泥牆壁不同，小孩可自由在牆上創造自己的夢想。神經質地擔心小孩房牆壁髒污很不恰當，最好讓小孩自由自在地創造。

而且三夾板的油漆髒了，可以隨時換上喜愛顏色，等小孩長大了，再依他喜歡的顏色、式樣佈置，如此小孩可歡喜地在變化中成長。

只不過三夾層的隔音不佳，如果旁邊是寢室，就要在隔間下加石塊。

和室門口有踏板可將拖鞋放整齊

「踏板」本來是指玄關處的階梯，但和室入口延伸的板也稱為「踏板」。

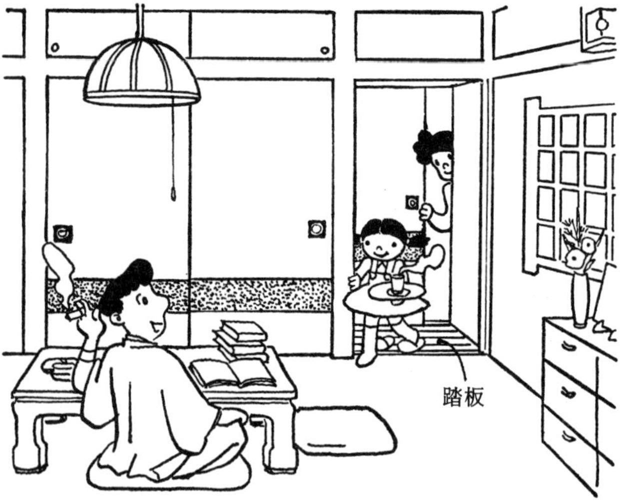

從走廊進入和室，如果沒有個轉折點，就顯得很不安定，換句話說，「踏板」就是和室內外的緩衝地帶，希望每家都有此設計。

踏板不但能滿足精神面，還具有實質上的效果，從走廊進入和室後放置在門口的拖鞋，往往散得亂七八糟，其他人從外面經過，也會不小心就踢到拖鞋，這時如果和室外有塊踏板，就可以放置拖鞋，從外面經過的人再也不會踢亂拖鞋了。

和室鋪木板使房內更寬敞

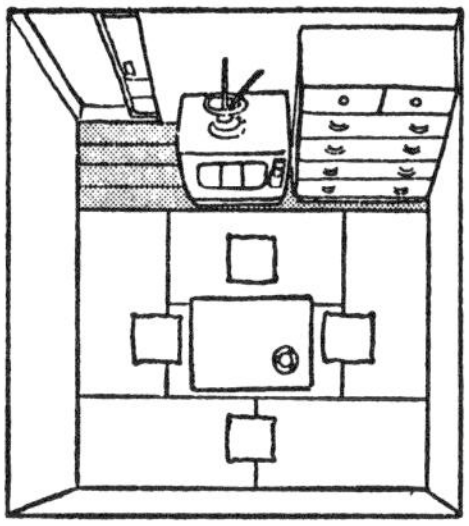
出入口踏台延長板

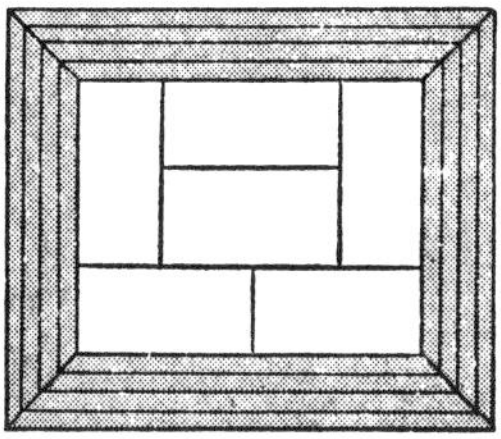
空間足，則房間四周鋪木板

不放家具是和室本來的風貌，但現代已經不太一樣了，和室被用來當起居室，喝茶室等生活空間，所以和室便擺上電視、茶桌等物品。

這些家具就這麼放在榻榻米上，會破壞榻榻米，沉重的家具腳底會在榻榻米上留下難以抹滅的痕跡，而且家具放在榻榻米上也不夠平穩。

因此，和室就需要鋪木板，木板與榻榻米同高，不會產生格格不入的感覺，而且沒有落差，所以家具很好放置，即使厚重家具也不必擔心。

如圖所示四周設計木板最理想，但只在出入口處設計踏板延長木板也具有機能性。榻榻米上沒有家具方便掃除，而且榻榻米也可充分使用。

地板表面原木選厚二～三毫米者

寄木地板、銘木床材、馬賽克地板等等，都是三夾板上鋪天然木材薄板。不用說，表面天然木材愈厚愈好，實際上〇・六毫米即屬厚物，〇・六毫米以下為薄。但考慮到將來修補問題時，至少需要二～三毫米才夠，否則一旦地板受傷，就沒辦法重新磨，而得重鋪。

相同品牌也有許多種製品，表面天然材質愈厚價格愈貴。

不利用天花板空間是大損失

小孩子年幼時的繪畫、作文、勞作、信件等等，也許長大後都是珍貴的回憶，必須好好

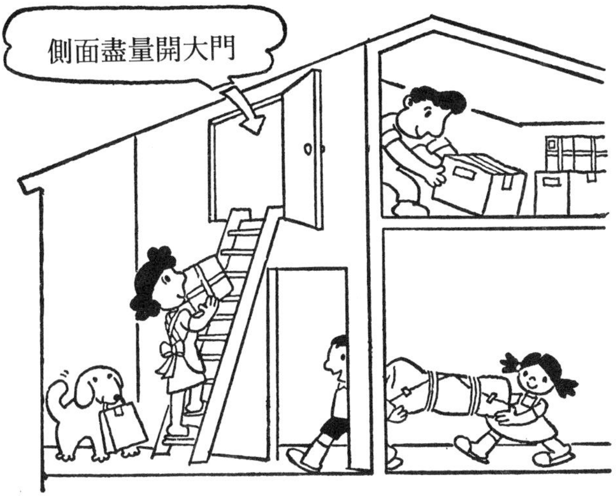

保存，在他人眼中也許只是堆廢物，但對我而言卻是至寶……。

不論哪一個家庭，都一定有在這幾年間不需要拿出來，也不必丟棄的物品。

這些物品如果佔據日常生活空間非常可惜，「天花板」這時成了最佳收藏空間。重要東西放在不完全建築物中不太好，但天花板則沒問題，即使冬夏溫度變化激烈，也不必擔心下雨、濕氣，因為並非日常必須用品，所以不必考慮拿上拿下不方便。

天花板當成是屋內與屋外的緩衝空間十分有用，如果利用來置物則更有效。

可以在天花板開個小洞口，用鋁製梯子搬運物品。但我建議各位採用如圖般的方法，也就是從壁面側面開口運物品，如此可增加儲存量。

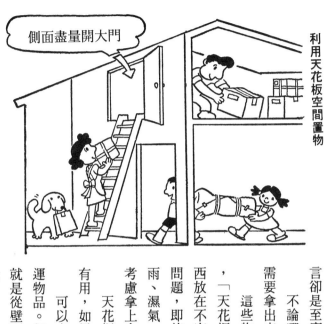

但天花板置物必須注意換氣，一定要有給氣口與排氣口。

受傷的舊家具可放在貯藏室

因搬新家而將舊家具全部捨棄似乎決定得太快了，不妨聽聽以下三種使舊家具重生的方法。

①放入貯藏室

重新磨平、上漆即可變成再生家具，即使外觀稍大傷痕也可在貯藏室使用。

寢室附設有更衣室，但和室需要嗎？和室儘量以不放家具為原則。

②沒有貯藏室就改成貯藏櫃

沒有中段的櫃子，如果要當衣櫥用，必須深六十公分，先確定要放什麼物品再進行改裝，此時不要忘記抽屜部分，抽屜不用特別裝飾，實用最重要。

當然，改裝愈繁瑣花費愈大，如果只是清清爽爽一個櫃子就方便多了。

③不要改裝，另設計用途

例如有瑕疵的書櫃，可放在貯藏室內擺每年過年時才用得到的餐具。舊家具當整理櫃非常具有實用性，而且有歲月的痕跡。

什麼都捨不得丟，家中只好愈積愈多，但不丟而使其重生，則是雙贏局面。不過如果因捨不得丟而使住宅變成貯藏室，可就本末倒置了。

要高不高、要矮不矮的家具上灰塵堆積如山

衣櫃、餐具櫃幾乎都是一七五公分高，櫃子上往往最後成了貯藏處，但由於上面手不容易搆著，使得忽略於打掃的結果造成灰塵堆積如山。

再怎麼豪華的家具，如果上面堆積不必要物品，就會使整間屋子顯得雜亂。雖然當初並沒決定在家具上放置物品，但由於櫃子至天花板之間有段距離，為了不浪費空間，往往最後還是將物品往上堆。

在此建議各位不要使用這種要高不高、要矮不矮的家具，最好訂做至天花板的家具，如

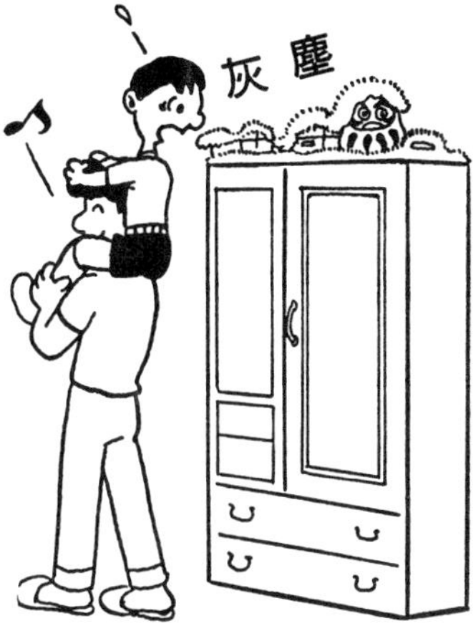

門框高度的家俱很麻煩……

此不但收藏量大、不堆積灰塵，屋子也非常整潔。

如果高大家具帶來壓迫感，則可採用矮家具，比眼睛高度低，約一二〇公分以下，這類家具可有效地增加室內空間。

第八章　建材要訣

●牆壁上的門墊比橫木高才方便打掃

●百葉木板窗在盛夏不需冷氣

門框高一八一・八公分才能配合高個子家族

和室的門框大致以五尺七寸（一七二公分左右）為標準，如果沒有特別訂製，則一般房間的出入口高比和室高加三公分，為一七五公分。

但最近人的身高有增加趨勢，以這種標準出入口常常必須彎腰通過。所以建材應盡量在二公尺為宜，只不過二公尺不但無法使用規格建材，導致費用增加，也與和室顯得格格不入。

在此建議各位使用一八一・八公分高的出入口門框，這樣即可使用規格建材。

想要上等隔扇就用無花紋隔扇紙

一般說的和室隔扇紙，多為有花紋的模樣，但有時沒花紋的也不錯。

最近住宅設計流行西式房與和室併用，以輕快明朗為設計取向，此時也有和室與西式房間不以磚牆隔間，而以三夾板兩面貼隔扇紙隔間，在這種情況下，沒花紋的隔扇紙更佳。

同樣是無花紋隔扇紙，也有各種不同品質，請至專賣店參考目錄。

門檔堅固可緩和關門響聲

常常聽見開門關門時門檔（門框檔門的部分）發出咯嗒聲響，這不僅是動作粗暴的原因而已。

仔細看，此門的門檔應該如圖③所示，只在門框處釘個小釘子，隨著使用次數增加，整個門框當然愈來愈不堅固。

防止關門時發出咯嗒響聲，一定要採用如圖①、②的施工，尤其要注意柱子部分，在尚未施工前，先確認是否有溝。

如果你現在住宅房門狀況不佳，請將釘子拔出來，以木工用的黏劑全面接合後，再牢牢地將釘子釘入，如此應可緩和咯嗒聲響。

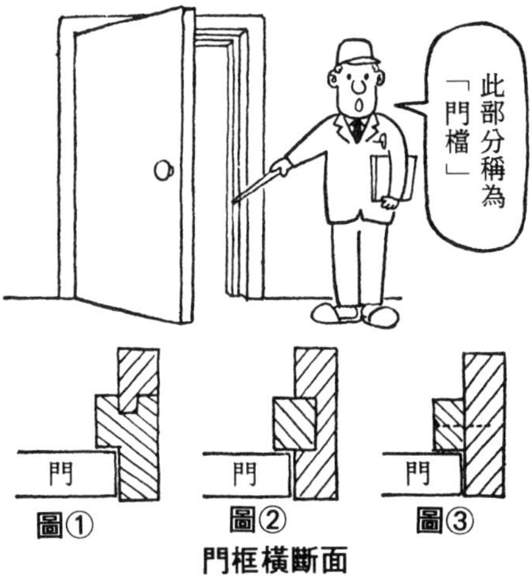

圖①　圖②　圖③

門框橫斷面

壁側門檔應在橫木上才方便打掃

此處所說的「門檔」不是關門時的門檔，而是開門時的門檔。大部分設計多如圖①所示，釘在橫木（踢腳板）上。

但這麼低的位置容易造成困擾。最近木造住宅的橫木流行六公分，而一般門檔多安裝在橫木正中央，也就是離地面三公分處，考慮到門檔本身的厚度，則實際與地板只隔二公分。這麼小的空間足夠吸塵器進入嗎?施工著沒有人用過吸塵器試驗，卻苦了家庭主婦。

此時門檔位置應該在橫木上方，如果太高了看起來也不舒服。

還有一種方法是將門檔裝在門上，如果不擔心腳踢到的話，這種方式還不錯，因為門可移動，沒有掃除不便的困擾（圖③）。

另外離牆壁數公分，裝在地面上的門檔（圖②），如果太靠近牆壁，則會堆積灰塵，而且立於地面的門檔缺乏美觀條件，盡量不要使用。

圖①

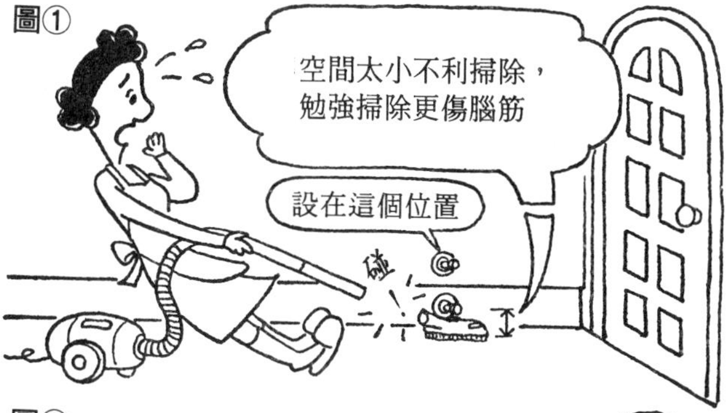

圖②

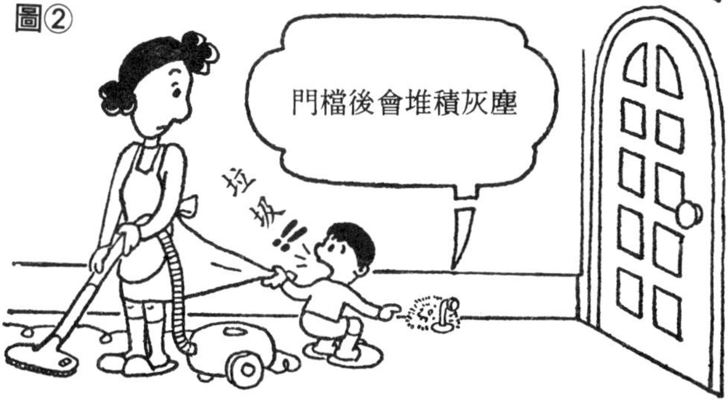

圖③

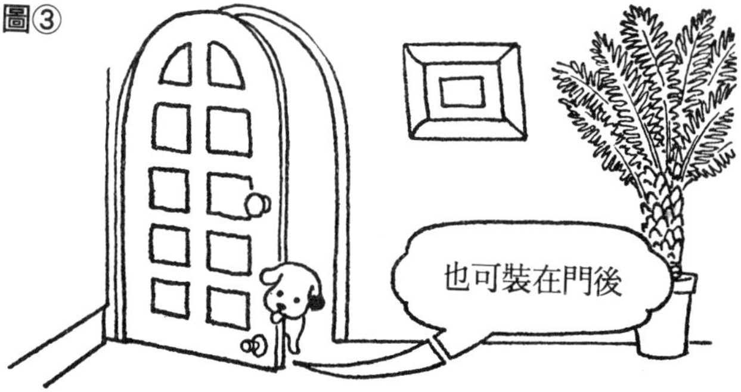

木造住宅若使用拉入門，必須採密閉型收藏板

門拉開時，整片門全塞進牆內的門稱為「拉入門」。這種門使用於木造住宅，將使居住者難耐寒冬呼嘯而過的北風。

這是我的失敗經驗，數年前設計一棟木造住宅，屋主後來向我抱怨：「冬天寒風從拉入門的隔板縫隙吹入屋內，冷得受不了……。」這是監督管理上考慮不足所造成的。

稱為在來工法的木造工法（以柱與樑組合的構造），由於沒將牆壁兩側塞滿，所以空氣在壁中流通，這對高溫多濕的日本住宅影響很大，是一大特長。

然而，此工法所採用的拉入門，如果不特別注意收藏拉入門的隔板處，留下太大縫隙的話，

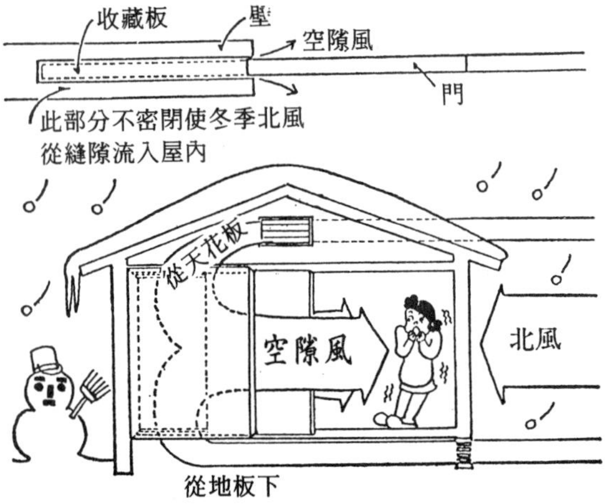

收藏板處就會和天花板、地板的空氣形成對流，當強風吹襲時，冷風便從隔板縫吹進屋內（參照圖）。

為了避免這種情況發生，拉入門的收藏板必須呈密閉狀態，使呈箱形設計。既成屋可在收藏板縫與拉入門之間塞安素拉羊毛帶，如此可緩和北風入侵。看來很堅固的拉入門，如果要用在木造住宅，就一定要採用密閉型收藏板。

高處窗簾使用拉繩才不會傷到窗簾布

如果家中有手搆不到位置的窗簾，通常會勉強從窗底部拉，結果造成窗廉頂部及布料的傷害。這種窗戶最好使用拉繩式窗簾，雖然價格稍高，但卻值得。窗廉前有桌子、衣櫃時。也以這種窗簾較方便。

自行安裝比較麻煩，最好請窗簾店代為施工。

全開拉門可享受戶外景觀

如圖所示，拉門全部塞入收藏板內，這是「全開拉門」，和一般單元拉門開口不同，全開拉門是二片拉門全開，如此不但方便物品搬運，也可將戶外視為室內之延長，享受庭院之美。

百葉窗的橡膠密封潤滑脂老舊後氣密性欠佳

百葉窗的通風性幾乎是一〇〇%，從其橫斷面即可看出其幾乎可全開。

即使手搆不著的高處窗戶，也可利用把手開關，利用於走廊、洗臉室、浴室等等。

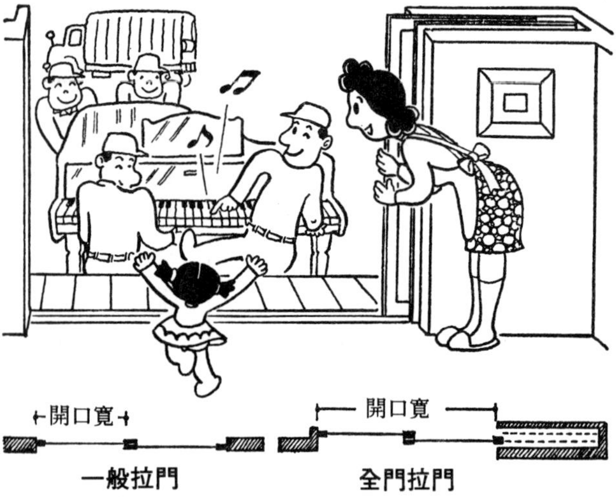

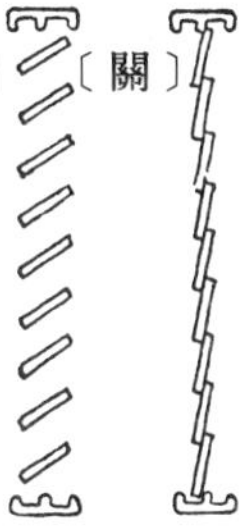

橫斷面

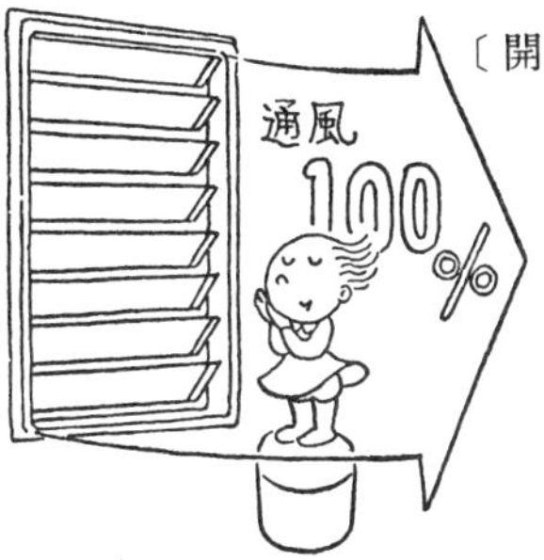

百葉窗通風一〇〇%

但它有一項缺點，雖然能達到一〇〇%通風效果，卻沒辦法達到〇%通風效果。因為塑膠片和外框之間有橡膠密封潤滑脂，從目錄上比較其性能，氣密性、水密性均比一般門窗優，但實際上卻非如此。

這種橡膠密封潤滑脂經過數年風化後，往往無法緊密閉合。知道這一點後，你大概可以斟酌是否要使用通風性一〇〇%的百葉窗。

脫鞋台降低或省略才不會絆倒

除了音響室、臥室等特別需要氣密性或隱私性的房間外，其他房間門下地板以平坦為原則，平面看起來清爽、不會絆倒、打掃簡單。

但如果你不特別強調，木工往往會為每間房間做門檻（脫鞋台），亦即門下的門檻。有時高達三公分，造成日常生活許多不便。

以下介紹磨平法，如果二間房間的地板是整體施工，均為平面就沒問題，假若非平面呢？

例如走廊舖地板、室內舖地毯時，門的正下方可以嵌入稱為「無目」的木材。另外雙方

需要氣密性房間的脫鞋台設計方式

圖①　盡量將脫鞋台降低

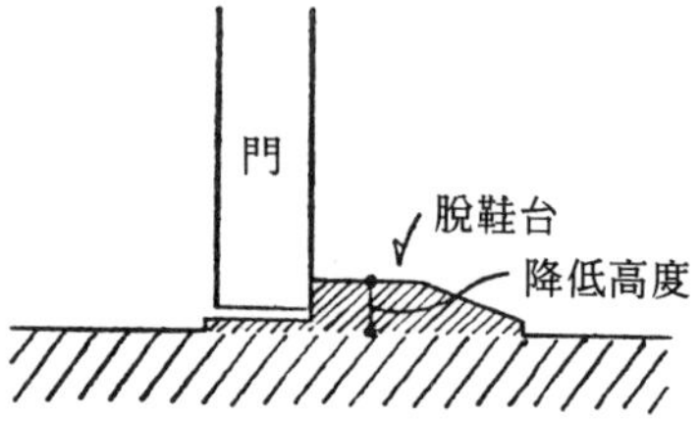

圖②　地板高度改變一點

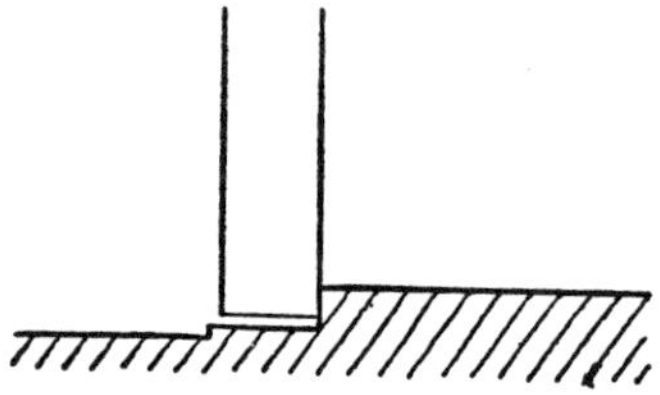

圖③　使用彈簧片

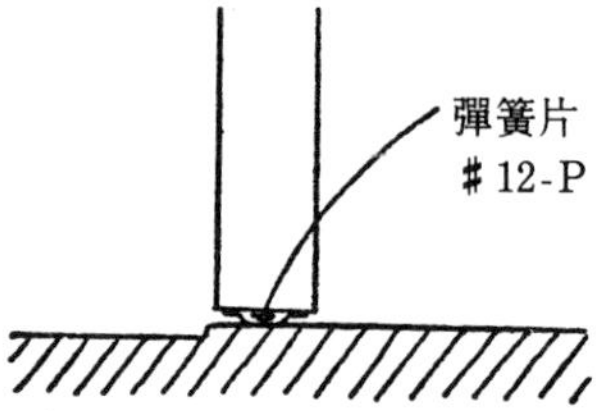

圖④　使用氣密性商品

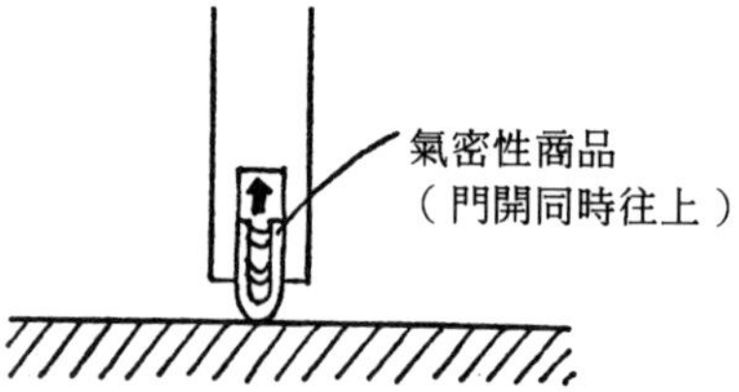

均為木板，但材質不同（例如一邊是櫻木、另一邊是櫟木時要注意）時，請在中間接上無目木材。不同施工材要做到看不出接縫的完美程度，恐怕連木工高手都有困難，即使相同質材，舖設方向不同也要注意。

那麼，需要氣密性的房間，就沒有使之平坦的方法了嗎？為了氣密性需要做門檻，但其施工方法也有好幾種可供參考。

①盡量降低門檻（圖①）。

②門內與門外地板高度稍微不一，但並不明顯（圖②）。

③裝彈簧片，幾乎與地板平，這種產品花費較高（圖③）。

④使用氣密性商品（德國製），和地板完全密合，費用不貲（圖④）。

各位可從氣密需要程度、預算來考量，選擇最適合方法。③及④，都可安裝在現成門下方，但從外表看來不太美觀。

地板平順容易使用手推餐車

廚房、餐廳相連的二個房間，幾乎不必擔心隱密問題。

所以根本不需要安裝提高氣密性的門檻，而且廚房與餐廳最好採用相同地板，或者在兩者之間使用「無目」木材，使地板平順。

如此即可輕鬆利用手推餐車配膳。

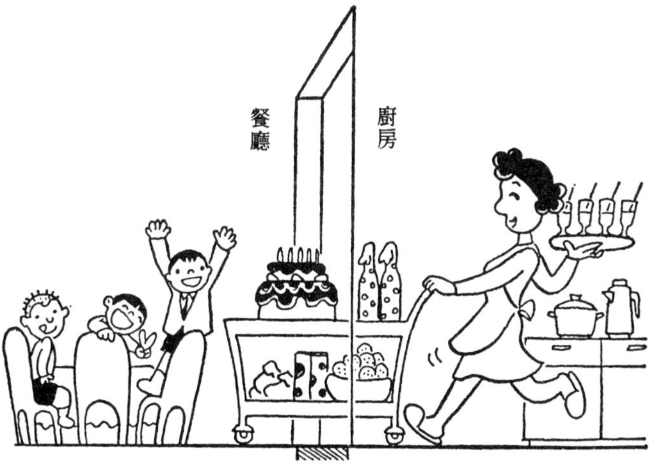

地板平坦方便手推餐車……

與拉門一樣，地板鋪設盡量以平順為原則，這雖然需要建築上的工夫，也要注重施工法。

拉門的噪音可利用鋼軌消除

拉門咔嗞噪音防止法將在後面介紹，但玻璃門發出噪音還有另一個原因。

拉門開關會發出噪音，如果改成開門就不會了，但拉門對於狹窄空間非常有助益，所以不要輕言放棄，只要稍微注意即可防範。

這種噪音發生的原因多半是鋼軌造成的，如圖①所示，從上面往下釘釘子，則當窗戶經過釘子處時會上下震動，使玻璃窗發出聲音。如圖②所示即可緩和震動，幾乎不會有噪音出現。再如圖③所示，鋼軌埋入地面下不麻煩，而且不會產生噪音。

費用依①、②、③順序增高，但建議各位選擇③，如此可減少生活中討厭的噪音，即使多花點錢也值得。

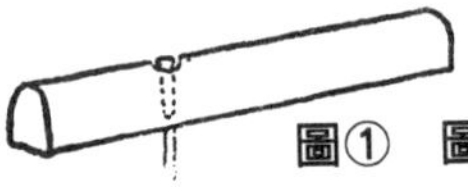

圖①　圖形鋼軌

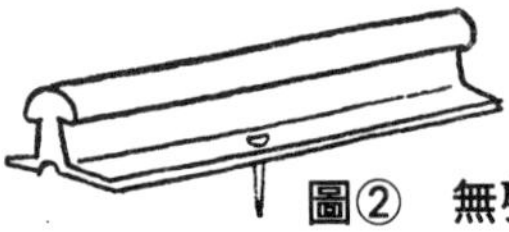

圖②　無聲鋼軌

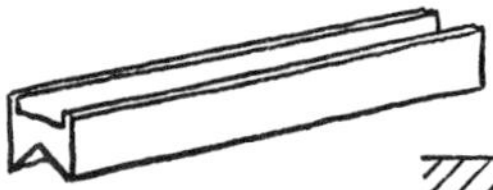

圖③　嵌入鋼軌

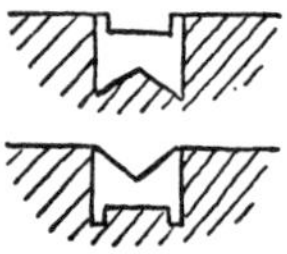

剖面圖

隔熱門框窗框以木製最佳

雖然想使用木框，可是木框比鋁框貴，所以捨不得用。其實與其說木框貴，倒不如說是鋁框太便宜了，不過即使木框較貴，還是採用木框較安心。從比較中發現，鋁製品隔墊框有以下各種：

①外框本體不結露、斷熱性高、氣密性佳。

②外框本體普通，只有玻璃採雙重隔熱。

③一個框裝一片玻璃，然後將二片結合成的鋁製框雙層窗戶。

④樹脂框中裝強化玻璃。

其中②與③的外框是鋁製品，此部分會結露不隔熱，這二種都不能稱為是隔熱框。③是雙層窗戶，難道都不開窗嗎？④的樹脂框是隔熱性高的材質，但考慮到將來解體後的垃圾處理問題，還是不要採用。

最後從性能與價值兩方面考量，只有①隔熱鋁製框可以和木製隔熱框比較。

木製框雖然貴一點，但不像鋁製進口品有多種價格，而且也不用裝二層、三層玻璃，如此看來，還是木製框最實惠。

木框玻璃門塞油灰可緩和噪音

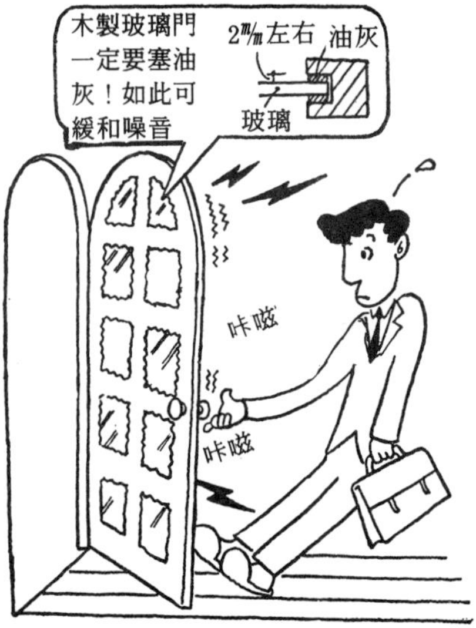

走廊出入口、客廳出入口常使用木框玻璃門隔間。

玻璃採光性佳、透視性好，不會有壓迫感，能使屋子看來更寬敞。

但它也有一個缺點，就是開門關門時會發出咔嗞聲，聽起來很不舒服。

為了消除這種雜音，可在玻璃門中塞油灰（窗戶玻璃專用的輔助材料），如此即可使噪音降至最低程度。再高價豪華的門，如果發生咔嗞響聲，必定價值減半，所以必須確定木框玻璃門縫有沒有塞油灰。

家中現有的門可以自己施工，但間縫太小，恐怕不容易塞入。

客餐廳合一的分隔利用捲簾最適當

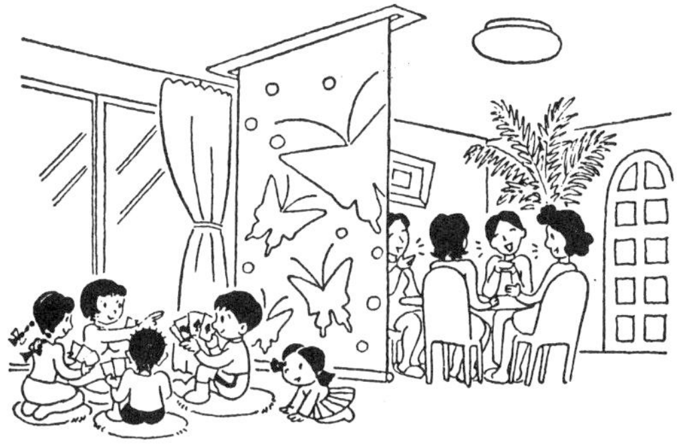

捲簾很適合機動性隔間

現在很流行客廳、餐廳同處一室的LD形成，但有時又有分隔必要。

這時如果能從天花板上拉下捲簾，就再好不過了。

客餐廳的隔間利用價值不高，固定設計很浪費，但如果用窗簾又不太好看。

關於這一點，捲簾可說相當合適，它不使用時不醒目，材質不限於布，有竹、紙、塑料製品等，可配合屋內氣氛選擇。

使用後只要收回天花板即可，所以新居設計時先在天花板設計嵌入位置。

隔扇的隔熱、遮光效果比窗簾好

木造住宅做木板套窗，但卻不省略鋼筋水泥建築，這時為了遮陽，必須做上一層厚窗簾，各位不妨將它換成隔扇來遮陽，這常見於大飯店設計。

隔扇像窗簾一樣具有遮光效果，而且材質是木與紙，為理想隔熱材，創造更佳生活環境。

隔扇不限定用和式紙，也可以使用與房間花色配合的布料，增加臥房氣氛。

但在強烈日光直射下的大窗戶，就要擔心反射問題了，為了防止反射，必須用厚一點的隔扇。

隔扇的遮光效果比窗簾好

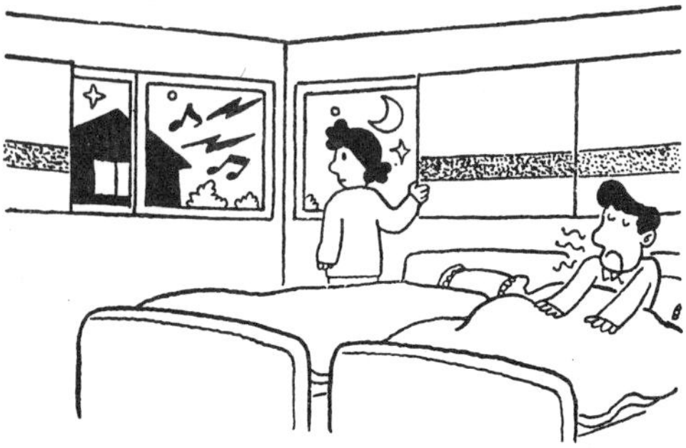

雙手拿物品依然可以打開的大門手把

一說到門把手，往往令人聯想到圓形扭轉式把手，但最近又出現許多新款式。

其中最值得介紹的是「槓桿把手」。優點如下：

①即使手不方便仍可簡單操作。
②雙手抱物可用手肘簡單開啟。
③形狀美觀。

不但具機能性，而且美觀耐用。

只不過在長廊上有突然突出之虞時，就必須挑選形狀，有如圖所示防撞、防鈎袖口等危險的設計。

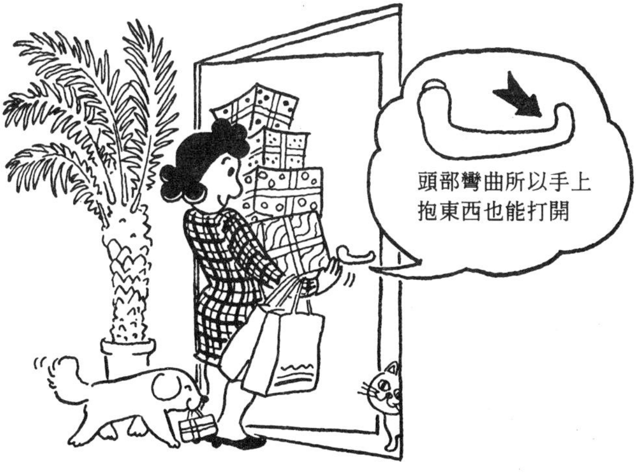

槓桿式把手容易開啟

使用百葉木板窗，盛夏不必開冷氣

百葉套窗就算呈閉的狀態，風也可一〇〇%通過，其形如圖所示。另外也有百葉鋁製窗。

其構造雖不能阻擋暴風，但在防範竊賊方面卻很有效。由於百葉木板窗之內側有玻璃窗能耐強風，所以可以不必擔心強風。

在此建議各位採用百葉木板套窗，夏夜就寢時，不必為了防雨而完全關閉窗戶，在屋內與酷熱戰鬥，由於百葉木板套窗可遮雨，所以能開啟在通風情形下達到遮雨的效果。

不僅寢室、客廳、餐廳使用，也可大幅減少冷氣費用。

百葉木板窗剖面圖

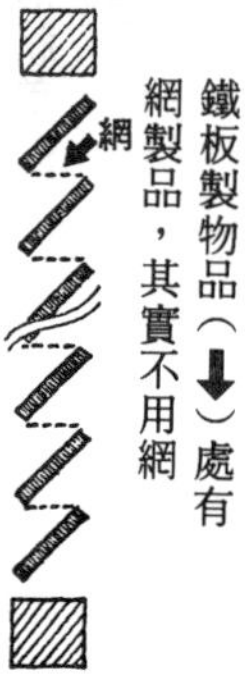

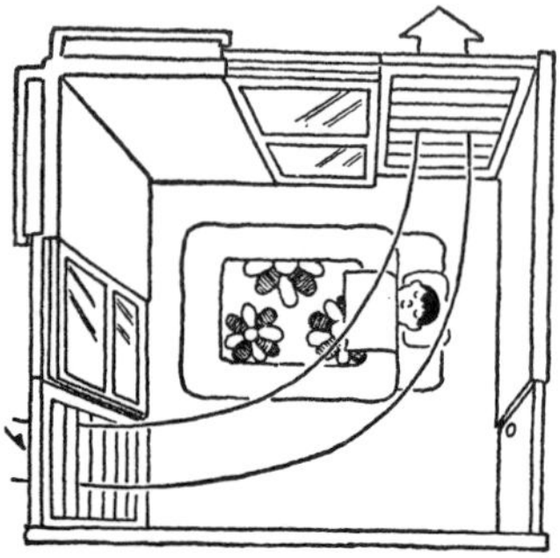

預算不足時至少做一片百葉窗

有風的入口一定也要有出口，出入口盡量相隔遠，以達到對流效果。

門窗反面也應設拉板才容易開閉

門窗拉板多習慣設在右手側，左側門全打開後就會和右側門重疊（圖①）。如果這時想關上門，就沒有放手的位置，只好抓著門框，甚至抓破隔紙。如果在這種情況下，隔扇內側也有拉板就太好了，只要做了凹槽即可，不必像外側掛上漂亮拉板。昔日經驗老道的木工都會這麼做，但最近好像能省則省，很可惜……。所以你不要忘記提醒。

不限於衣櫥，拉門、窗戶也一樣，請將家中拉門全開，看看內側有沒有拉板。拉板凹槽不必深，只要淺淺的就很實用了。

另外常常在陽台打掃時將門關上，這時如果外側沒有門板，就實在很難打開（圖③）。只不過如果你家的門裡側都沒有拉板，要自己施工恐怕有些困難，必須請木材行代磨。

圖①

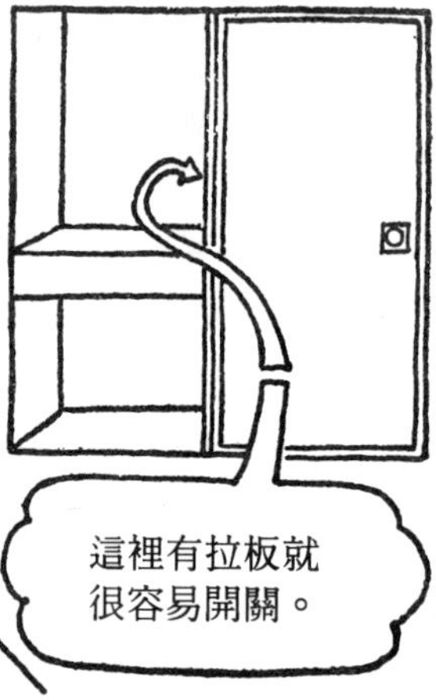

圖②

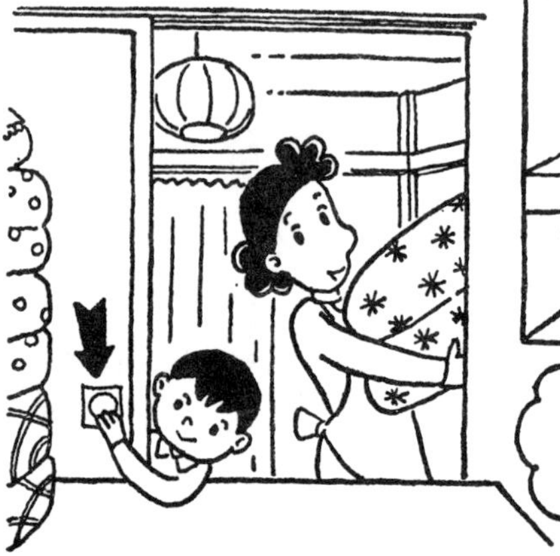

圖③

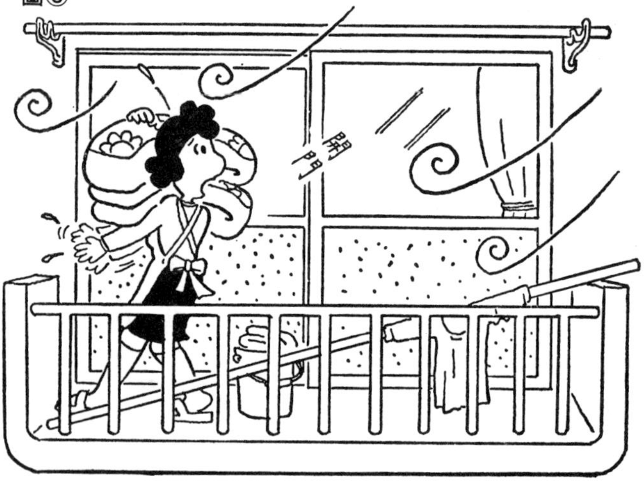

拉門全關時就……

「旋轉軸門」開放均不佔空間

即使說「施轉軸門」，一定有很多人不知道是什麼東西，這是古時候流行的一種便利建具。

古時候多使用於佛壇門，最近則多使用於電視櫃。這最適合需要一段時間開或關的收藏櫃。

組合如圖所示，從前面將兩片門拉開後，兩片門可往兩旁收藏至櫃裡，一般門打開後則豎在兩邊妨礙空間。只不過如果深度不夠就沒辦法利用這種門，這種設計必須兩片門組合成一片，由後面那片門支撐前面那片門，如此則開關均不影響空間。

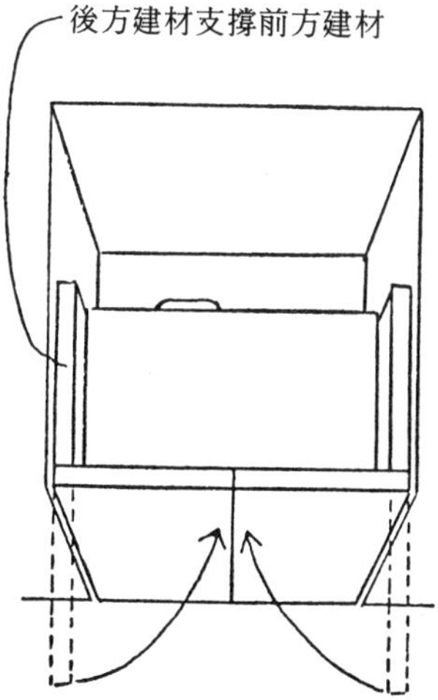
後方建材支撐前方建材

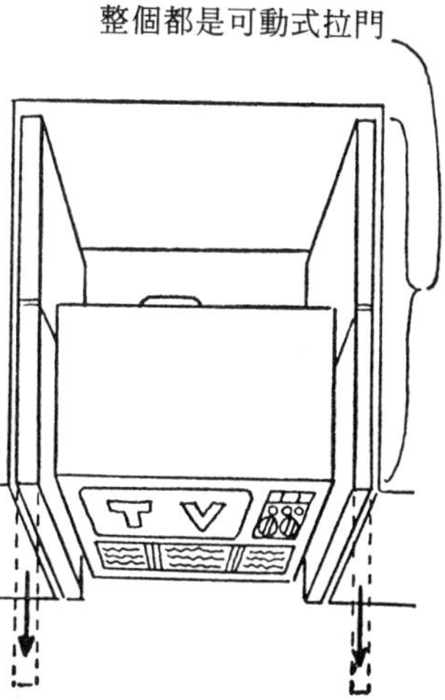
整個都是可動式拉門
TV

浴室玻璃門應用安全玻璃

浴室中常出現跌倒事件，如果發生時是裸體則危險性更高。

為安全起見使用的玻璃應該使用合成安全玻璃，這種玻璃是在二片玻璃之間夾堅固的膠膜，所以即使破裂也不會發生玻璃碎片四散的狀況。普通單片玻璃貼膠膜也有防止四散效用。

如果預算不足，則考慮是否非使用玻璃不可，洗臉脫衣室有窗時，浴室入口不用玻璃門也行。

採用縱長窗戶可有效利用壁面

放置家具、掛照片、圖畫等，都需要足夠的壁面，但為了採光與通風，又希望有大窗戶。

二個窗大小相同

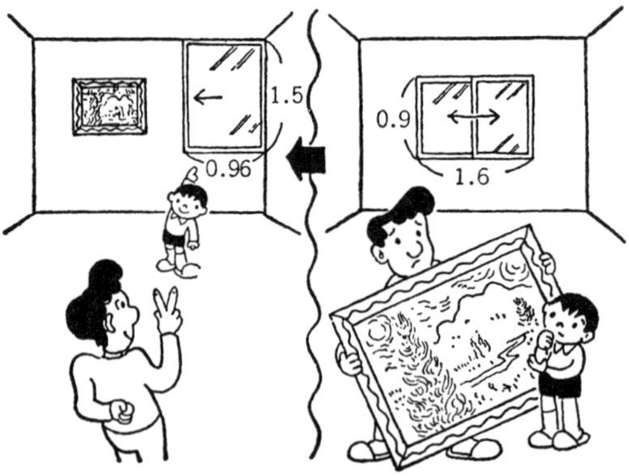

相反二條件限制之下，只有縱長窗戶是最佳選擇。

一片牆壁正中央設窗戶時，則只剩下零零碎碎的牆面可用，窗戶上下的牆壁一點作用也沒有。這時可以利用如同面積的縱長窗戶，如圖所示，牆壁可利用空間不是增加許多嗎？

國人習慣將牆壁視為家具擺設場，何不換換心情，利用畫或裝飾品設計壁面也不錯。

相關採光還是以縱長窗戶為佳

二道窗簾鋼軌可使分開式窗簾閉合

束於窗戶兩旁的窗簾就是分開式窗簾，拉起來時因為無法閉合，往往使隔熱效果打折，如果將一道鋼軌換成二道鋼軌，中央部分就可重疊閉合。

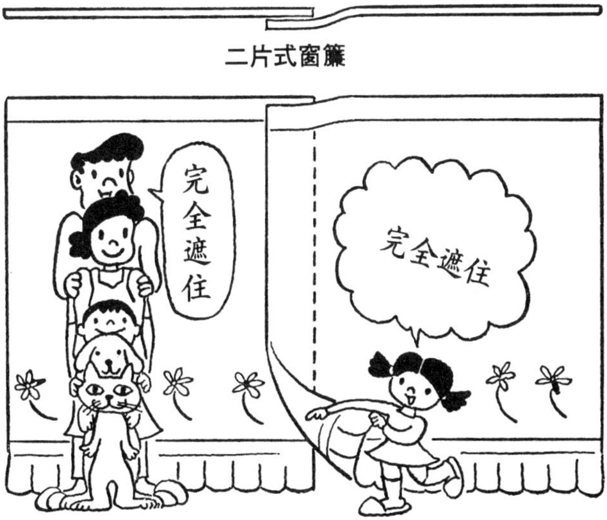

二片式窗簾

如圖所示就是二道窗簾鋼軌重疊的情形，如此窗簾才能密合。

這種鋼軌可在市面上買到，一道鋼軌和二道鋼軌的氣氛完全不同。

拉一片紙糊門可使窗口全開

附在和室窗戶上的紙糊門，可使直射日光柔和，房間四處明亮，這種柔和光線的氣氛是窗簾玩味不到的，而這也是紙糊門的一大特徵，可以增添室內溫暖氣氛，最近西式房門才有採用。

但紙糊門也有困擾之處，那就是不同窗戶內側有不同紙糊門，這麼一來，窗戶開口就只剩一半。換句話說，窗戶只達到一半功效。

在此告訴各位窗外景色盡收眼底的方法。

將內側紙糊門框的門檻做比窗檻長，紙糊門打開後就拉至窗戶之外，窗戶兩邊是牆壁時，可用一道溝分隔。此時別忘了在中央門檻處裝上止動器，如此關閉時才能正好在中央。

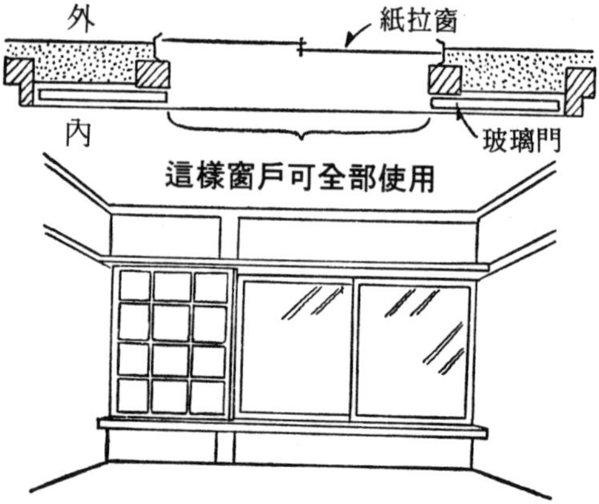

無法分開時可做2道門框，
全靠在一側

第九章　收藏的要訣

●長期不開的收藏室應設給氣口與排氣口

●衣櫥開口大一些才方便放棉被

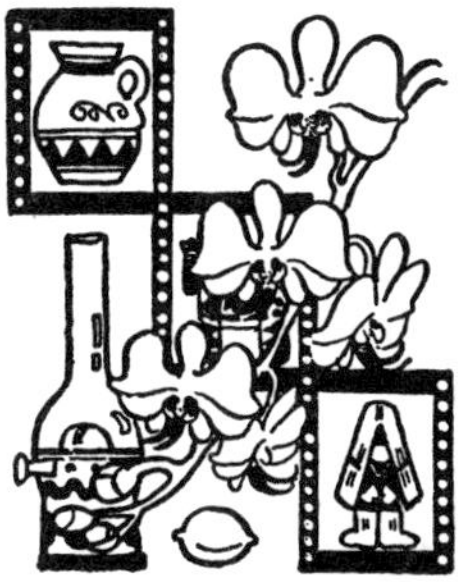

高位置吊櫃注意天花板照明器具

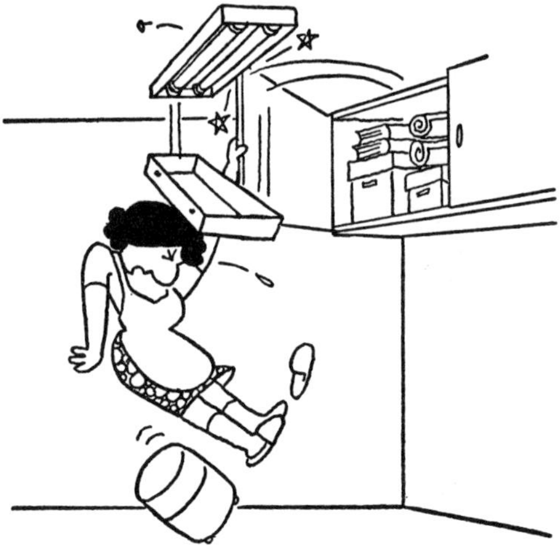

不注意天花板照明時……

在狹窄的房間裡設計開門式吊櫃時，一定得注意天花板的照明設備。

依照明形狀、位置之不同，吊櫃開門時可能撞到照明器具，房間窄則天花板面積也小，所以設計吊櫃不要忘了計算開門空間，才不會發生如圖所示的危險情況。

解決之道如下：

①不用開門而採拉門。

②吊櫃位置降低至照明器具之下。

③照明器具採嵌入天花板型。

④改變照明器具的位置。

在施工中發現門會撞到照明器具的情形時，可以變更施工計畫，但必定會使工程延遲，所以設計之初就應該仔細計算。

衣櫥裡未利用的空間可放拆下來的隔扇

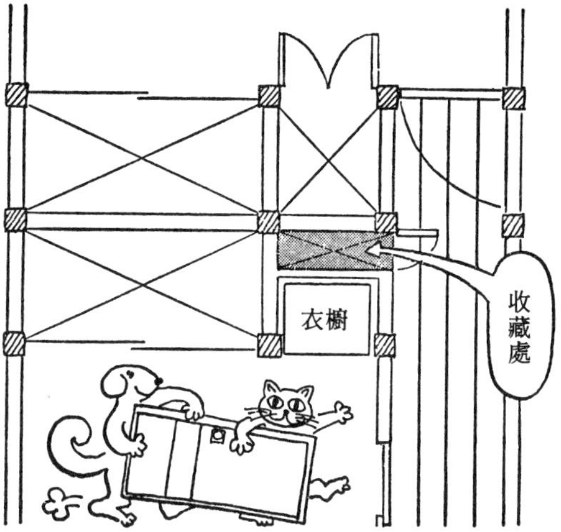

放衣櫥的地方不齊全，衣櫥深沒有九十公分，以致於出現多餘空間。

如圖所示，衣櫥深六十公分，則三十公分為空出來的空間，此部分可以讓反側房間儲物，但像圖中例子又沒辦法這麼做。如果反側房間可以利用這塊空間，就沒有死角產生了。

這種櫥櫃後面有樓梯之類空間時，此部分可當成隔扇收藏處。拆下來的隔扇、紙糊門可利用這些很難利用的空間收藏。

隔扇收藏櫃並非旅社、料理店專用品，一般家庭若為夏季拆下來的隔扇，紙糊門不知如何收藏而苦惱時，不妨依此方法收藏，快樂迎接涼夏來臨。

長期不開的收藏室應設給氣口與排氣口

平常不會打開貯藏室、只放客人寢具的櫃子等、長期間密閉可能發霉，這是由於忘記設置給氣口、排氣口所致。

〈給氣口、排氣口設法〉

可在門上下方設小百葉窗口（圖①），或裝整片百葉窗門（圖②）。圖①簡單省錢，圖②美觀豪華卻易沾灰塵、費用高。

如果像隔扇無法做百葉窗的場合（圖③），可在牆壁開百葉窗，並視儲存物品而定，可加裝防蟲網，此細網容易沾灰塵，所以一年應更換或清洗一次。只要這種給、排氣口做好，應該就可以安心了。如果更講究效果，則可在地板舖竹架，並在中段稍後櫃上開三公分小窗，而且放置物品時注意不要塞滿。如此一來，櫃子內部空氣流通佳，內部也不沾灰塵。

洗臉台下方的貯藏櫃（圖④），應在壁面側設外氣入口。由於此牆之外即為戶外，所以要採用防雨的百葉窗型，門下則露一小縫讓空氣流通。如圖④的設計，即使在潮溼的洗臉室，也能使空氣流通，常保乾燥。

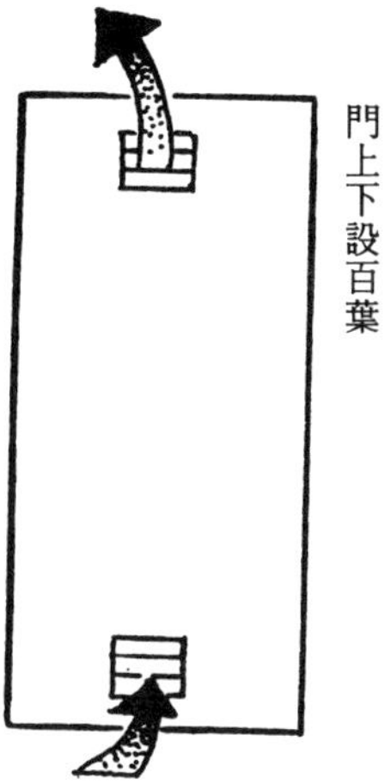

圖①　櫃子門

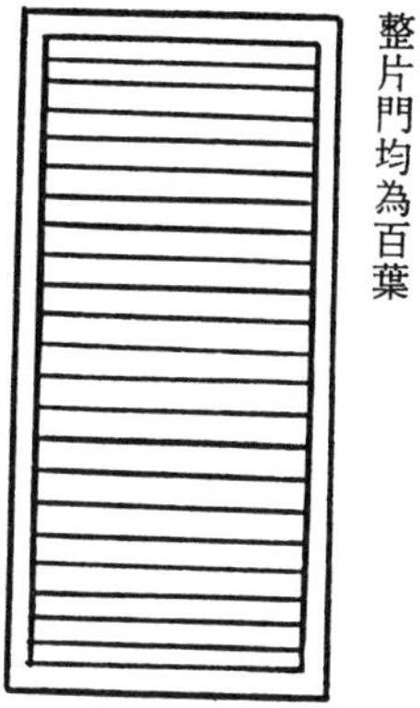

圖②　櫃子門

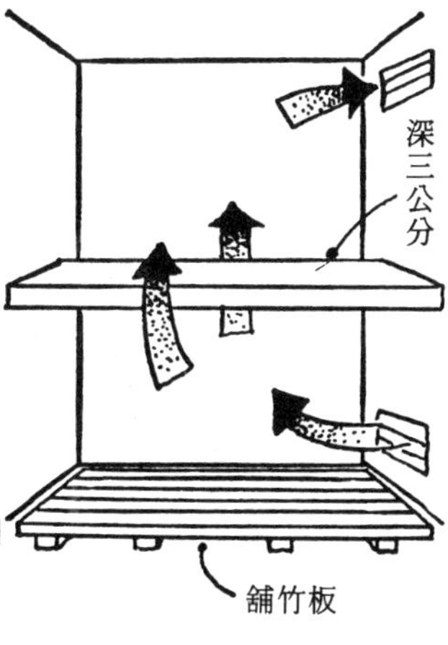

圖③　收藏櫃

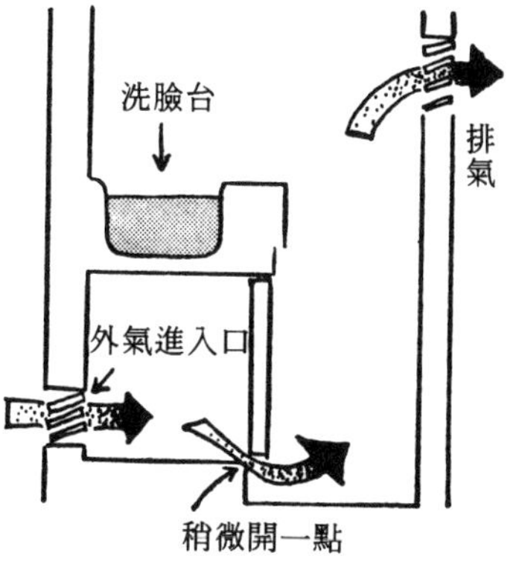

圖④　洗臉台

使用伸縮鋁合金架可在不傷牆壁的情形下做成置物架

你是不是有過這種經驗，想在壁面釘架子，可是卻擔心傷到美麗的壁面，或者鋼筋水泥壁面，想鑽個洞都很費工夫，所以，你放棄了這個念頭。

這裡有好方法，可以利用市售之伸縮鋁合金架做成置物架。

如圖所示，將伸縮架在兩片牆壁之間架起，雖然不能放太重的物品，但用在浴室放衛生紙、面紙等可說足足有餘了。

為了美觀，可從天花板裝置竹簾，竹簾拉下後就像個貯藏室了。

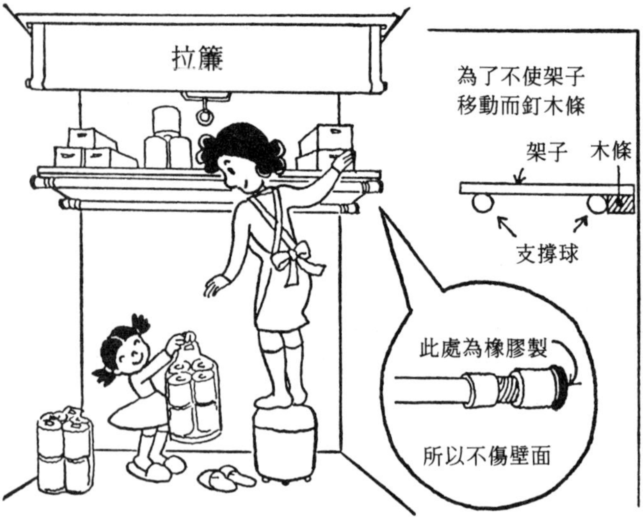
拉簾
為了不使架子
移動而釘木條
架子
木條
支撐球
此處為橡膠製
所以不傷壁面

可移動式隔板方便收藏物品

書架、收藏櫃的隔板不用說，衣櫥等櫃子的隔板也最好採可動式。

即使你一開始決定放置物品，但過些時候也許會改變，如果隔板可以輕易移動，那就可以隨時調整收藏物品的位置了。

木製櫃最好用木製隔板、木製支撐物，塑料製螺絲雖然便宜，但不耐重，關於這一點，木製支撐物就非常耐重。

設計一間貯藏室，在支撐隔板上就得花很多工夫，應請專家協助。利用剩餘空間的收藏處，可在中段部分釘入本頭，以此支撐隔板。

相同尺寸收藏櫃，隔板可移動與不可移動的收藏量相差很多。

隔板可移動就……

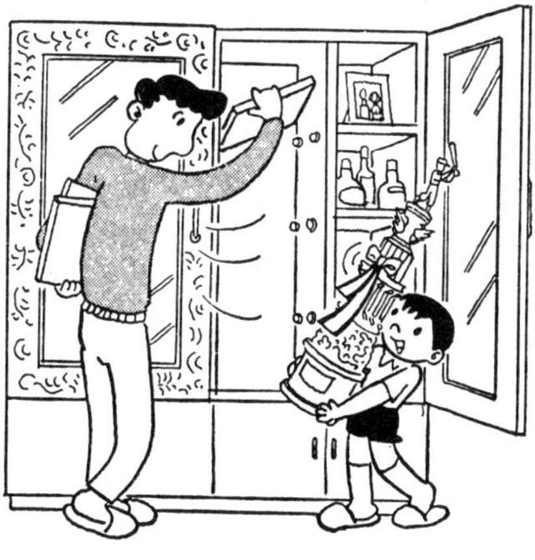

將電視收藏好可節省視聽時間

電視剝奪了寶貴的時間，只要一坐在電視前，不覺得就過了好長一段時間，在起居室的一角，家庭生活正以電視為中心經營著。

大型電視放在起居室或茶室角落的例子很多，但總覺得很唐突，佈置整整齊齊的一個房間，電視好像成了不速之客，與房屋氣氛不配合。那麼，電視究竟應該收藏在那裡呢？

為了取回電視所剝奪的時間，於是想出了只有在想看電視時才取出的電視收藏法。即使說是客餐廳必須品，但若能巧妙地收藏好，就真是太美了。

只不過電視這麼重，無法拿出拿入收藏，於是採用固定位置收藏法。

最好的方法是在牆壁一部分做凹形，將電視放置其中，電視前面可利用拉簾遮蔽，或訂製可拉上拉下的格子門（圖①、圖②）。如此壁面即可保持清爽，養成必要時才看電視的習慣。

另外一個方法是放入收藏櫃內，盡量是有門的櫃子，否則就用布將電視畫面蓋住。拉開門以旋轉軸門最適當，拉開時門會往櫃子內縮，不會造成妨礙。另外比較禁不起電視誘惑的人，可以採用一般開門，因為門打開後很醒目，會一直想將它關閉，減少看電視時間。

圖①　以捲簾蓋住電視

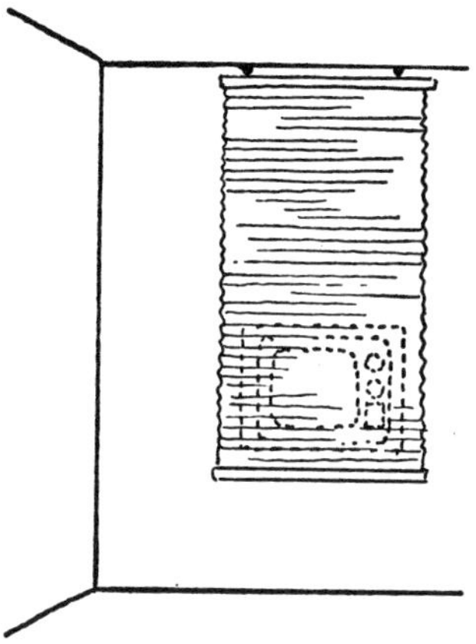

圖②　同樣是嵌入牆壁內的上下式隔板

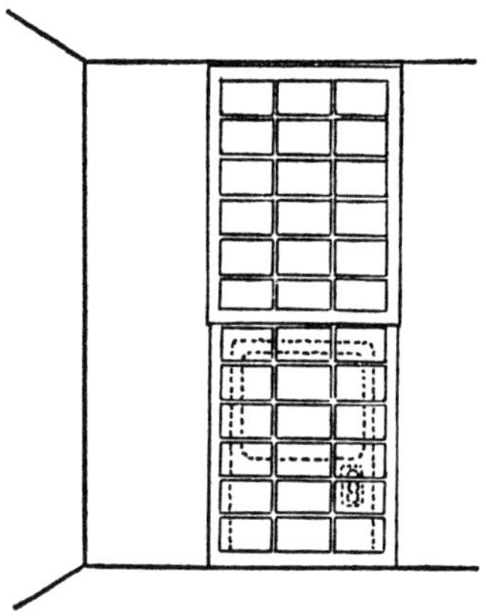

圖③　旋轉軸門開啟時縮入櫃內

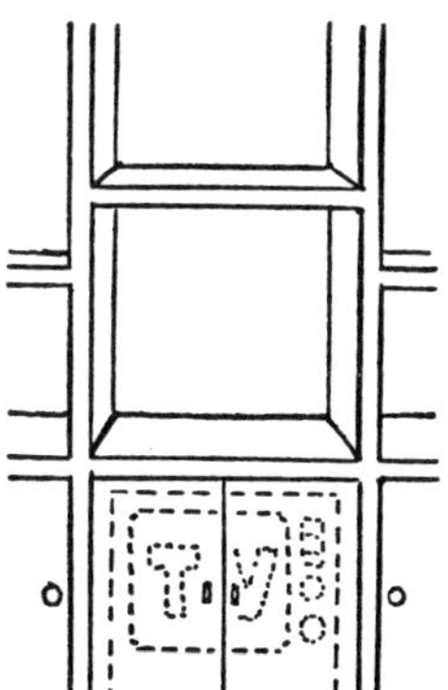

圖中所示各方法均必須在設計時就確定電視大小，然後在兩邊各留些空隙。另外插座位置也要事先規畫，才不會事後補做影響觀瞻。

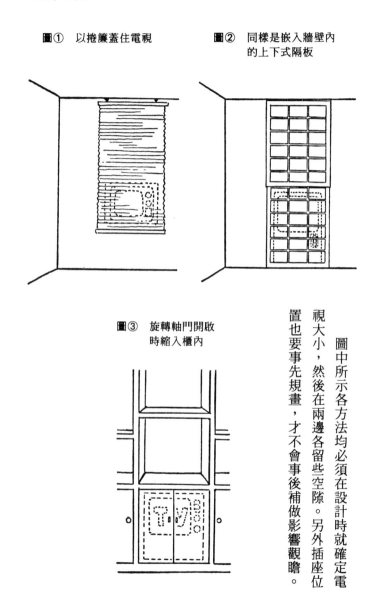

床頭設計窗台可使房內整齊

書報雜誌，眼鏡、檯燈、電話、記事本、筆……。床頭四周總會放許多小雜物，習慣在上床前喝酒的人，更擺著酒及酒杯。

有些床組設計了很大空間的床頭櫃，但多半還是處於不足狀態。在此介紹不使房間變小的窗台設計方法。

如圖所示是非窗戶外突的「窗台」設計。一般窗戶突出是以正面牆壁為窗戶，但此設計是以正面為牆壁，側面為通風窗戶。如果有其他通風口，則側面小窗戶也可省略。由於是突出於屋外的窗台，所以不需要移動床舖等房間擺設。

正面牆壁也有掛畫裝飾。

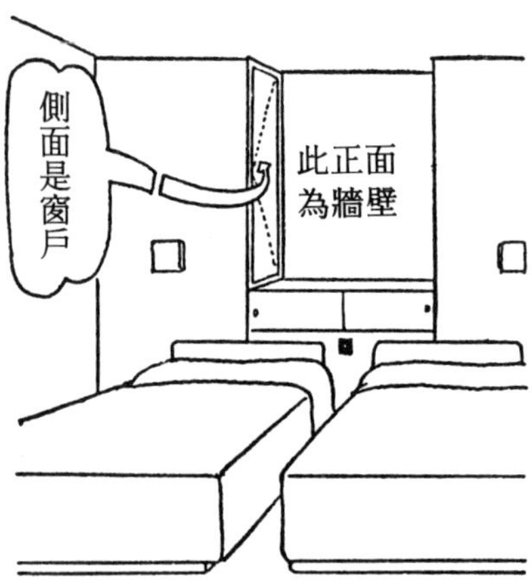

不做突出窗而做「突出台」

髒衣服放置場所以洗衣室最適當

洗衣機一次洗衣量有最小限度，所以往往必須累積至一定量後才投入洗衣機內清洗，而髒衣服放置場必須在住宅設計時預先規畫，才不會導致家中零亂。

此場所從家事效率化（縮短動線）來看，以洗臉、脫衣室最適當，如果空間不夠大，可利用洗臉台下方的吊櫃，如果空間更小時，則可採上部吊櫃設計，將髒衣服投入籃內。

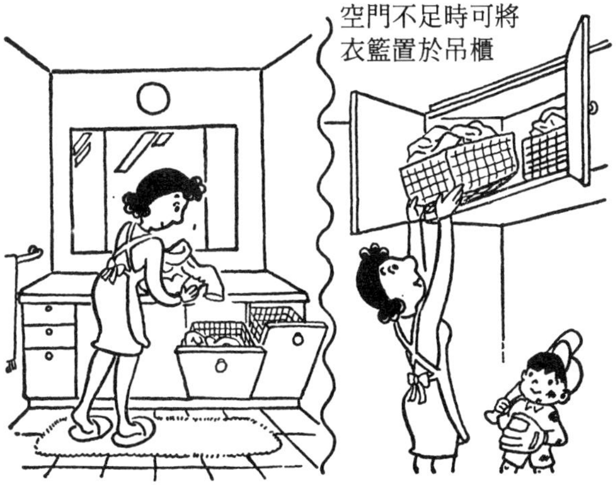

洗衣籃設於拉門處

設計隱藏櫃以防小偷

金庫是放貴重品之處，家中擺設豪華金庫，不正是告訴小偷貴重物品在此嗎？

一般家庭是不會將金庫搬進搬出的，因此還不如設計隱藏櫃放置貴重物品，此處介紹幾個設計方法，隱密效果一樣，各家庭依配置方式設計。

圖①隱藏櫃以深度淺為原則，太深的話就讓小偷知道裡面一定藏有什麼東西，櫃內側板做拉上拉下門，乍看之下只是一片板子，這時候必須和其他各面板子一樣，不要讓人特別注意這片門。

圖②利用地下隱藏櫃，在起居室等地板下設隱藏櫃，上方舖地毯。這種有既成品，但加上鋁邊會使地板突出，讓他人一踩就知道這裡有異狀，所以訂製時要特別注意蓋子邊緣。

不常取出的貴重物品，可以收藏在非二人以上搬不動的桌椅下，對付闖空門更具效果。

圖③是壁面設計，這在電影中常見，屬於一般化設計，但一定得用堅固的鎖才安全。

圖①　衣櫥旁的隱藏櫃

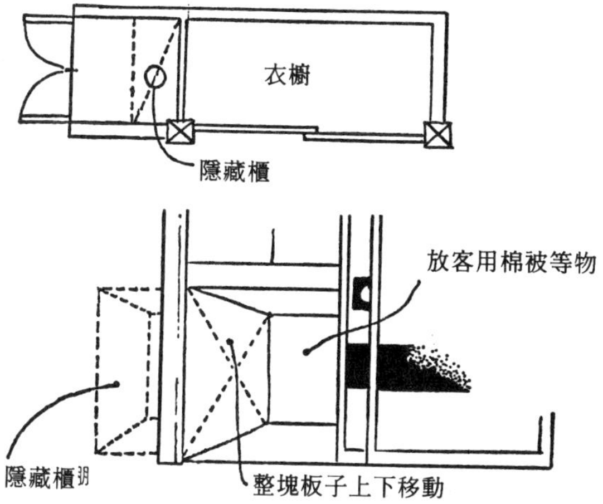
衣櫥
隱藏櫃
放客用棉被等物
隱藏櫃
整塊板子上下移動

圖③　設於壁面的隱藏櫃

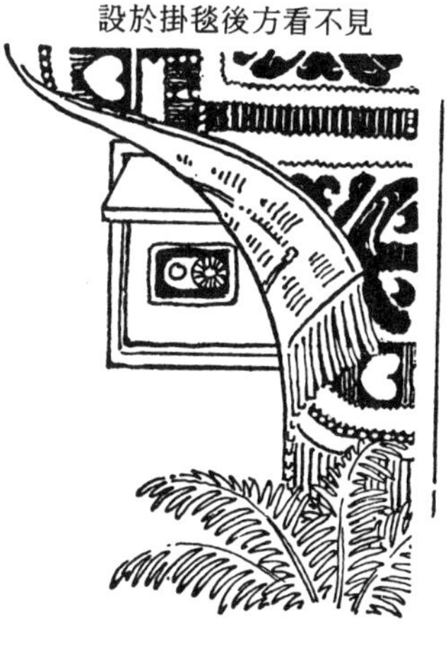
設於掛毯後方看不見

圖②　地板下隱藏櫃

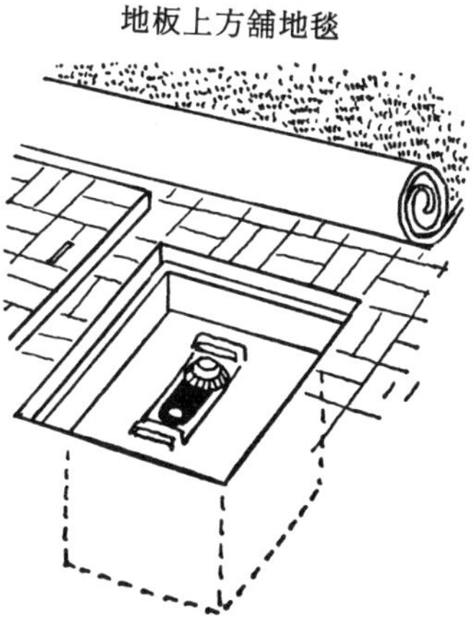
地板上方舖地毯

看得見的收藏打掃費工夫，但卻有室內裝潢效果

我曾造訪某家修車廠，只見作業場地壁面各種工具一應俱全，排列得井然有序，想要什麼立刻就可拿到，不必找來找去。

這種方法應用在廚房如何呢?從大到小的鍋子整齊排列在壁面……。廚房和工廠不同，一煮菜就會將壁面其他沒使用到的鍋子噴污，所以即使不用的鍋子也要定期清洗，所以廚房不適合這種收藏。

接著看看客餐廳，架子上放茶壺、壁面掛彩繪盤，這是常見於歐洲家庭的光景，讓人感受藝術氣氛，但為了保持美觀，必須付出相當努力，用具必須定期從架子上取下來擦拭，雖然不會像廚房一樣被油沾污，但灰塵也會堆積，所以也不適合此種收藏法。

只不過如果你想用餐具等佈置客餐廳，這倒是不錯的佈置兼收藏法，但一定要勤於清掃，才可期待良好設計效果。

即使一片盤子，也可達到裝飾兼收藏效果。

掛衣架使現代生活更方便

有別於隱藏式收藏，這是看得見狀態的整理方式。

以衣架為代表，將明天、後天還要穿的衣服、家居服等暫時掛在這裡，穿過後不立刻洗的衣服，與其收在衣櫥裡，不如掛在通風處較符合衛生。不用時放在房間一角，也不像大衣櫥那麼佔空間。

只不過要使衣架配合房間使用就不太容易了。西式房間還可與西式家具協調，但和室裡放個衣架，似乎就有點唐突了。

如圖所示「西式衣架」對不善於整理衣服的人很有用，但你也許會發現，不知不覺中怎麼衣櫥裡的衣服都掛到衣櫥外的衣架上了……。

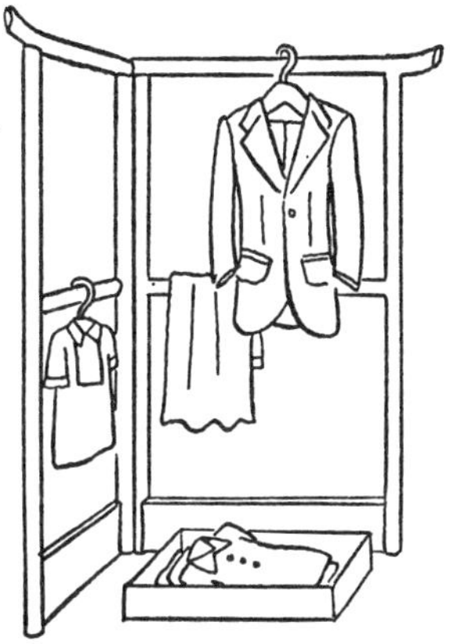

掛衣架與整理箱

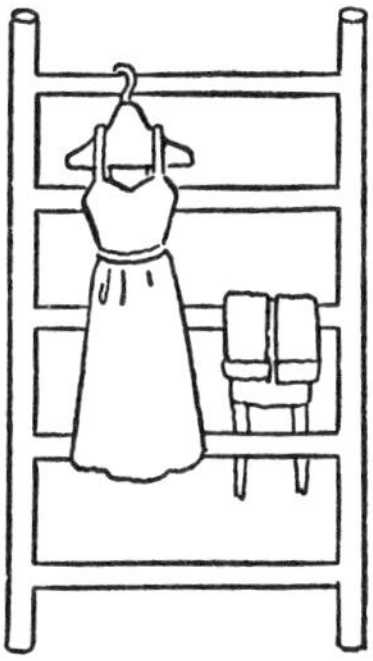

西式掛衣架

此處只建議有需要的人放置在房間一角，使現代生活更方便。

打掃用具集中收藏一處方便掃除

吸塵器放在樓梯下櫃子裡（因為剛好有個空間）、掃帚放在玄關旁收藏櫃裡（長柄物品只能放在這裡）、洗潔劑、抹布放在洗臉台下（抹布可在這裡清洗）、垃圾袋放在廚房抽屜內（方便清除垃圾）、手套放在……、玻璃噴霧劑放在……。

在打掃時，必須繞全家一趟才可將清掃工具準備齊全，而且清潔劑等消耗品放置場合不一，往往到需要用時才發現這瓶用完了、那瓶也用完了。

這樣子對打掃者而言很不經濟，而且會降低打掃意慾。

從吸塵器到抹布、塑膠帶，一切打掃用具都應該集中於一處，這樣清掃流程才會順利，只是必須有足夠收藏空間。

新屋設計時就應該配合打掃用具，事先規畫打掃用品收藏櫃。

如果不是新居，則將大小差不多的清潔用品放在一處，如果洗臉室太小可以考慮別處，雖然靠近水最方便，但集中於一處收藏更重要。走廊一角、貯藏室一角都可以，務必集中保管。

貯藏室入口用拉簾不須開門空間

在壁面做一排貯藏櫃，均是開關門設計時，貯藏櫃之前什麼都不能放，否則就會妨礙櫃子門開啟。如果用拉門就不需開門空間，但如果橫面已經不寬敞了，再做拉門則只剩一半出入口。

何不乾脆將門全部拆下，利用拉簾如何？由於是上下開關，所以櫃子前方放些物品並無妨礙，而且花色、質材、尺寸可自由訂購，甚至可以使用和窗簾同花色布製做，達到整體設計效果。

拉簾以布製為代表，竹簾也不錯，現在更出現塑料製品，市面上也售堅固的和紙。

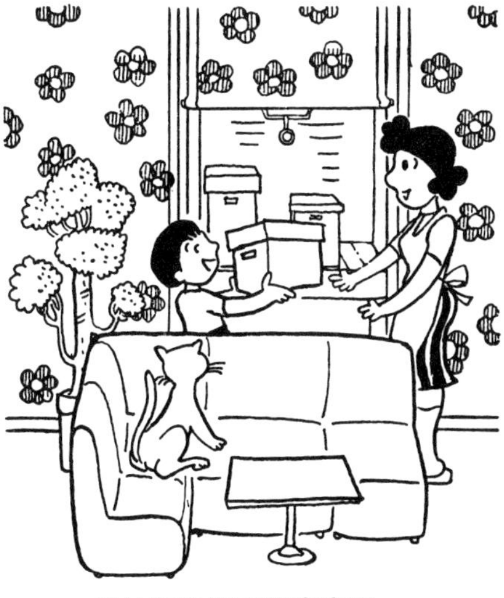

以拉簾為門可節省空間

衣櫥開口大一些才方便放棉被

一個衣櫥寬大約一八〇公分，以二片拉門設計後，只剩九十公分開口，再減掉板子厚度，最後有效寬度只有八十五公分。

通常要放棉被時，棉被兩端得往內折才行，直放更痲煩，往往最後只好斜著放。

何不將衣櫥做大一些呢?可能的話做十二尺（約三六〇公分），以四尺（約一二〇公分）為區分，能夠放三件棉被。如此則開口部分寬敞，棉被、毛毯、床墊均可一一收藏。

衣櫃正中央隔一塊板子，區分為二段使用是一般設計。

此處建議你區隔為三段，下二層放棉被、最上層放枕頭，可以使櫃內更整齊，而且區分三段可使棉被不被壓擠，常保膨鬆狀態。

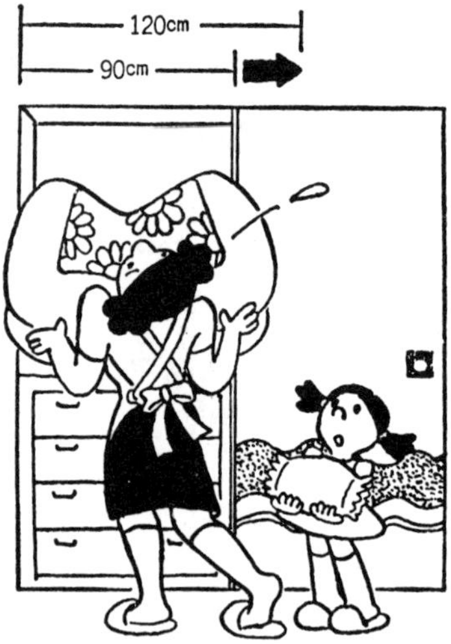

棉被兩端……

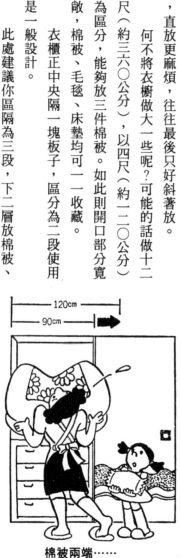

第十章　基礎、外圍設計要訣

● 房屋基準應高於道路二十～三十公分

● 如果沒有陽台也要在窗邊設計曬棉被架

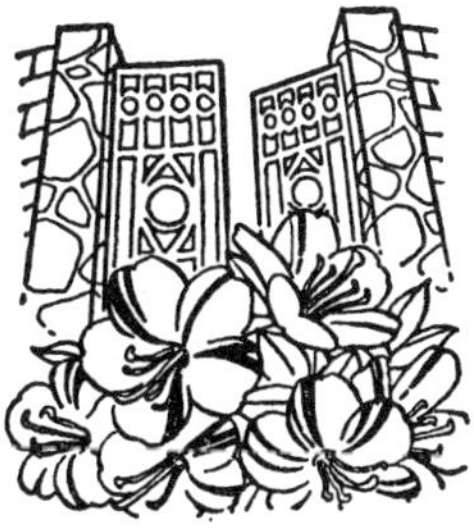

房屋基準應高於道路面二十～三十公分

選擇腹地首先應考慮的基本條件，是土地天然威脅程度，而非通勤時間、購物方便。

時常見到新聞報導大雪、山崩、洪水等季節災害，突然發生的大地震或山崩另當別論，至少對於每年季節性災害不可不知，所以在選擇土地時，首先應儘量避免受災區土地。

但如果因某種理由非住在這種土地上不可時，就必須有應對方法。在水害頻繁地區建屋時，有以下三種應對策略。

Ⓐ首先考慮將腹地全部提高至水淹不到的高度，不過其中還有些問題。

第一，多高才安全。第二，腹地增高則建

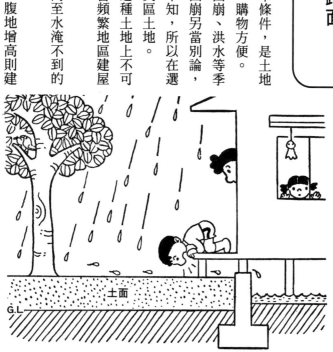

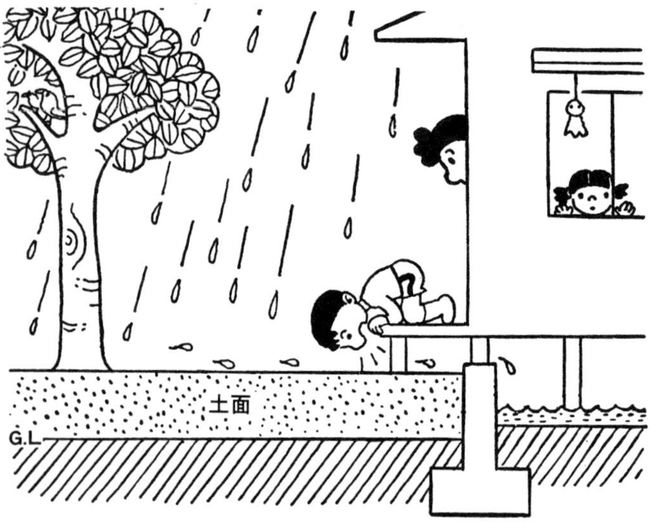

庭院土面太高會使地板下積水

築物高度也增加，會影響北側鄰家的日照。第三，盛土量能比翌年浸水地域寬嗎？第四，資金，填土工程花費不少。等等考量都是重點。

Ⓑ不管庭院浸水，只提高基礎的方法。這是只維護住家不浸水的地面提高工程。此時要注意地下換氣設備，一定要做好防水設施，也要考慮到以後如果庭院填高時，一定不能高於房屋地面。另外，此方法的難點也和Ⓐ的四項難點一樣。

Ⓒ這是以柱子架高房屋的方法（高地式）。這種設計可得居住二樓的有利環境（日照、通風），一樓可利用來做休閒、遊戲場所。當防水工程完成後，這塊一樓空間即可加蓋。

但高地式形式對地震不利，要追加補強預算，以及地基提高費用，請評估後再決定。

以上是以浸水地區為例，但在無水患困擾的地區加高地基，也會遇到這些問題，為了防止道路修改後高於屋宅，地基應比現在道路高二十～三十公分。

屋頂形狀單純則不會積水

下雨積水的場所大致發生於屋簷端、樑、壁縫，平坦部分並不會積水，單純形狀屋頂也不會積水。

而且不平坦的屋頂，耗費材料與工程，這部分費用高出不少。

屋形單純好處多

然而東方人似乎喜歡屋瓦一片片重疊之美，但這種複雜美只限於腹地大的建築物，從街道整體美觀而言，單純屋頂形狀最美。

屋頂形式不一、使用材料各異……，結果讓人感到很零亂。

就算凹凸形狀的屋頂，只要柱子支撐，最好維持平坦狀，南側做露台、北側做停車場。

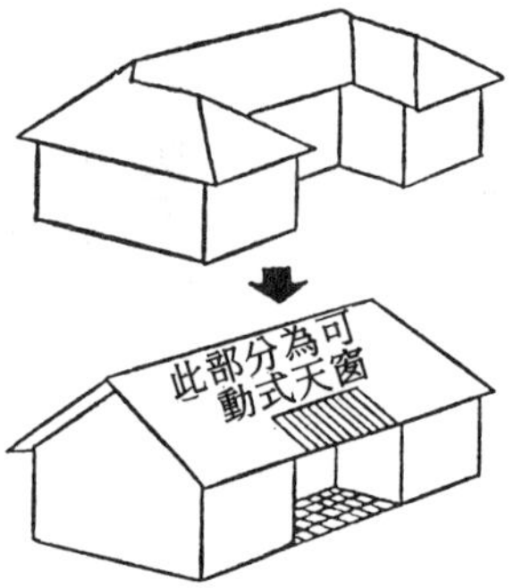

從費用與積水雙方面考量，還是以單純形狀屋頂最適當。

屋簷下應裝置遮簾用頂柱

遮簾是夏季聖品，不但遮陽而且通風。由於窗簾、百葉窗普及，所以現在很少看見遮簾了，就算使用遮簾，也不是為了遮陽，而是裝飾效果。

新屋設計時，建議你在窗簷下裝置遮簾用頂柱。

鋁合金製橫木及掛鉤，由於是金屬製品上漆，所以要拆下重新調整位置很難，而且常會將厚不到五毫米的窗頂蓋鉤破。

如圖所示，在屋簷下安裝一橫木，在橫木上用螺絲鎖住頂柱。因為是木製頂柱，所以只要變更位置，或不想使用，均可輕易拆卸。

舊報紙、空瓶子放置在廚房門外

家庭中一定有很多這些東西：

①舊報紙。

②空瓶、空罐。

③果汁、啤酒瓶。

不論你要堆積到什麼程度、如何處理，都應該先決定放置場所，否則家人便會東一處、西一處地置於走廊、門口、廚房。

廚房不應該堆積這些物品，最適當場所是靠近廚房的地方。

例如廚房門外專用收集桶最理想，在廚房啟開瓶瓶罐罐直接先丟入門外收集桶，就可免去廚房堆積空瓶空罐的雜亂了。

另外一項必須事先計畫的是停車場，這需要相當寬廣的空間。獨戶建築可利用屋簷凹下

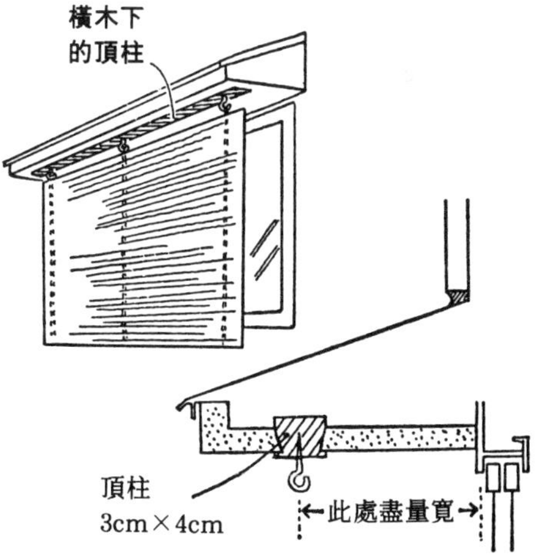

部分空地，或將廚房遮雨蓬延伸為停車場。

通常以一戶一輛車為原則，但必須先考慮到未來可能增加為二輛車、三輛車，所以應預先規畫。

應在廚房外預留食物殘渣垃圾桶位置

如果不先預留食物殘渣垃圾桶的位置，遷入新居後就感到日常生活發生障礙，如果不用垃圾桶而用紙袋，則紙袋放置場也是問題。

等新居完成後，殘渣桶只好放在廚房口通道上，妨礙步行。

事先將殘渣桶位置規畫在廚房門口外最好，不但丟棄方便，廚房也不會聞到臭味，若放在廚房突出窗台下方。更達到利用死角的效果。

殘渣垃圾桶與我們日常生活息息相關，絕不可因它不登大雅之堂就忽視它。

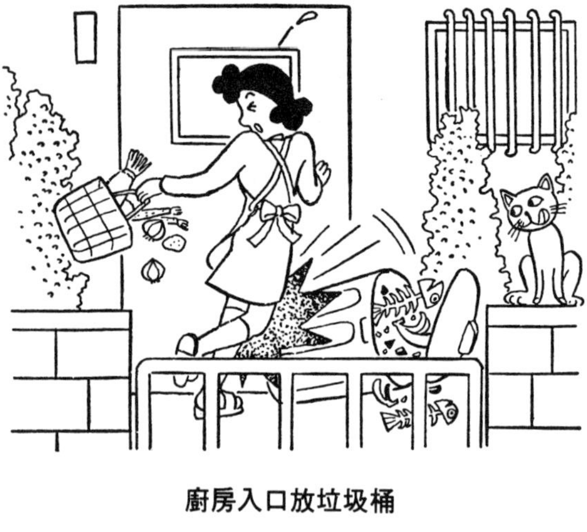

廚房入口放垃圾桶

各類開關集中一處，外出時方便檢查

電源、瓦斯、水管總開關集中設置於玄關外的小箱子裡，是集合型住宅的常識，但獨戶建築也最好採用這種設計，但得先評估預算。

開關箱最好放在門外，市面有售安裝在外牆製品。

當你要出門時，就不必再特地進屋重新檢查一次，只要從門口將所有開關切掉即可。

設貓狗專用出入口

家中有飼養狗、貓等寵物，並允許其自由出入者，應該在牆壁某處設專用出入口。

將牆壁一部分挖空，用厚壓克力板等能支撐某種程度重量之物支撐，即可使其自由出入。但開口部分有縫隙時，可設門檻使之呈單向通行出入口，只有出或入單向自由，在門檻內側設一片門，也可限制其出入時間。

不論哪一個出入口，都應該在開口前後舖厚墊子，以減少家中污泥。

設紗門專用收藏櫃可減少紗門傷害

冬天不用紗門時不妨將紗門拆卸收藏，才能增加紗門的壽命。

但必須先確定紗門收藏處，最簡便的收藏法是收進收藏櫃裡，因此應該在家中某處設置紗門專用收藏櫃。

如圖所示，外壁的一部分可設置紗門專用櫃，由於紗門很薄，所以可將好幾片紗門重疊收入櫃內，櫃子並不用太大。

如果做太大的櫃子，一定會放入一些雜物，因此容易傷到紗門。關於這一點，只有專用收藏櫃才能不必擔心紗門受傷或污染。

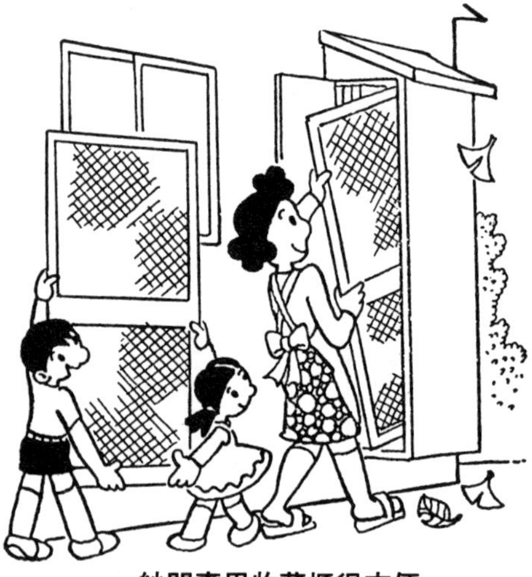

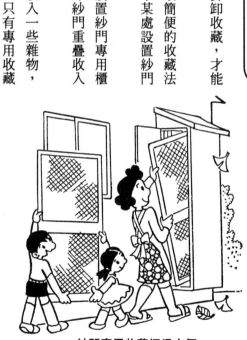

紗門專用收藏櫃很方便

郵筒最好採用能放入大雜誌型

不論郵筒設在何處，都一定要選投遞口大、容量大者，至少足夠放入一本大型雜誌。

如此才可在訂購月刊等雜誌時免去按鈴的麻煩，郵筒太小以致郵件露在郵筒外，雨天就傷腦筋了。

最近市面上出售能直接嵌入牆中的郵筒，雖然投遞口大，但深度卻不足。

實際設於自家的郵筒尺寸以多少較合適，應依各家郵件內容、報紙雜誌量而定。如果時常外出，或經常出差不在家者，應以大容量為佳，否則郵件塞不進去只好散落在外了。

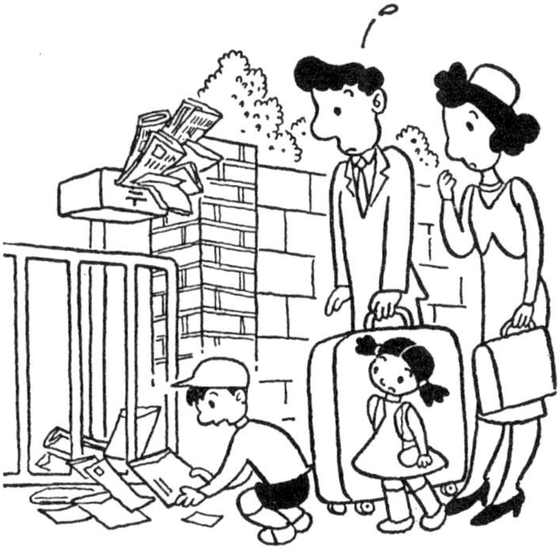

郵筒太小……

只在房屋外牆設投遞口的郵筒無限大

一般人家是在大門外設郵筒，但也有門外無設郵筒的空間者，此時就不必設獨立型郵筒，可將郵件直接投入家中。

在玄關口設置投遞口，投入後沒有容器限制，也就是只有投遞口、沒有郵筒，如此則郵筒容積為無限大。

當然，此投遞口的位置以郵差能進入者為條件，而且構造上必須從投遞口看不見屋內，如此則住宅郵筒使用更方便有效。

二樓突出式陽台可使樓下庭園更寬廣

二樓房間設陽台，採用落地窗設計，使日照更充足、房間更延長的形式頗受好評。

這可以是曬棉被的好地方，也可以是小孩遊戲場，但有時一樓支撐的柱子會造成障礙。

通常柱子均採現成的鋼鐵製品或鋁合金製品，醒目的細柱子應列於一樓庭園，長期間下來會開始污染、生銹，破壞一樓美觀，而且有柱子豎立，寬廣的庭園也難有效利用。

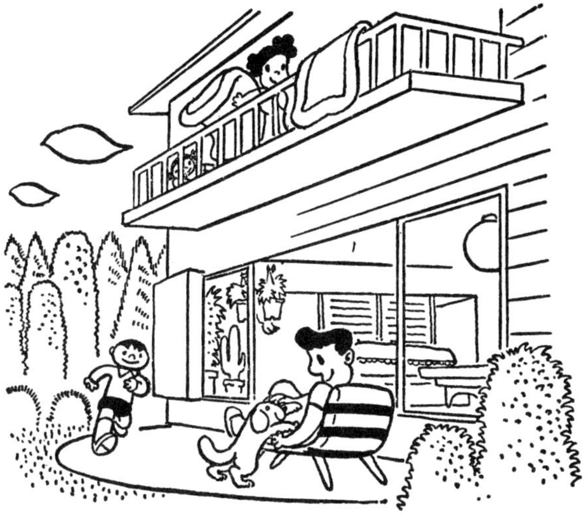

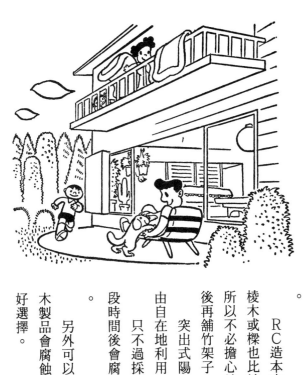

二樓突出式陽台使樓下空間更寬廣

在此建議你採用突出式陽台，捨棄現成品。

RC造本來是如此，即使木造住宅，地板棱木或櫟也比地板突出三尺（約九十公分），所以不必擔心結構問題。在地板上舖不銹鋼板後再舖竹架子，突出式陽台就完成了。

突出式陽台沒有支撐柱，所以一樓可以自由自在地利用。

只不過採用木製扶手時要注意，木製品一段時間後會腐蝕，所以必須做容易拆換的設計。

另外可以設計木製地板配上不銹鋼扶手，木製品會腐蝕、不銹鋼品則會生銹，各人依喜好選擇。

利用欄杆曬衣不會破壞景觀

從道路看見旁邊住家曬在陽台的衣物、棉被，實在很難看。

在此介紹「可折式陽台用曬衣杆」。如圖所示，陽台的扶手及壁面以螺栓支撐，陽台柵欄高度為曬衣界限，從外側看起來不會不舒服，而衣服又可以充當窗簾遮住屋內。另外，折疊後不佔空間，可使陽台充分利用。

最重要的是在曬衣服時，陽台後的房間能得到充分日照。

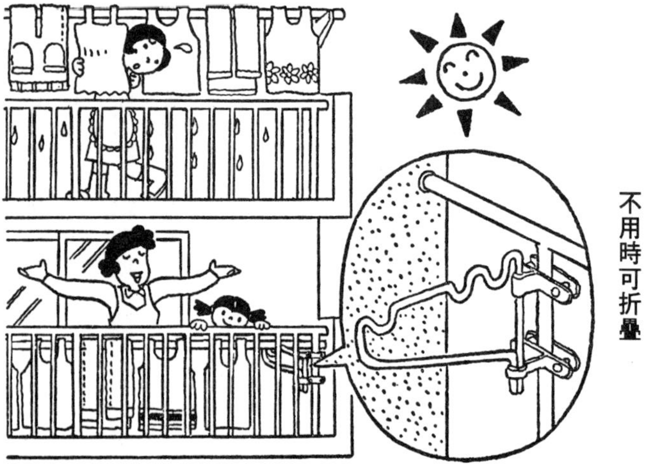

沒有陽台也可利用窗邊晾曬

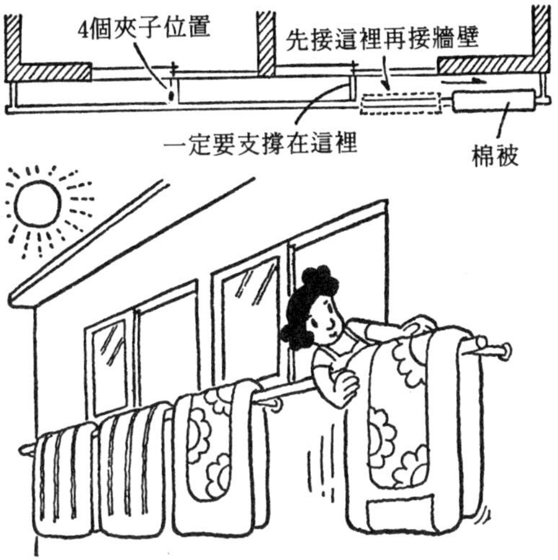
4個夾子位置
先接這裡再接牆壁
一定要支撐在這裡
棉被

一到晴朗好天氣，家家戶戶都會在陽台曬棉被，我母親也是只要看見太陽露臉，便將棉被拿到陽台曝曬，平常蓋起來好舒服。

陽台在晴天就成了晾曬場，不但可使衣物乾燥，還可進行日光浴。

如果只以晾曬為目的，不要陽台也可以，只需取一根竹竿掛在窗邊，即可簡單達到晾曬目的（參照圖），場所以寢室南側為佳，這樣也可省去一個房間一個房間搬運棉被的麻煩。

在沒有陽台或想減少預算的情況下，這倒是個不錯的方法。

特別設置內外均可取用的晾曬用具專用櫃

竹竿、繩索是晾曬代表物，但小夾子、衣掛、掛鉤等也是不可缺少的必需品。

這些用具在使用中是至寶，但整理收藏倒成了問題，想收起來需要空間，就這麼放置又沾灰塵。

這些小用具應該在晾曬場所特別設置收藏處，簡簡單單的一個櫃子就可以了。如果是在庭院晾曬，應以屋外可以取用為條件，但與其設置獨立置物處，不如和屋內一起均可取用來得方便。一個像屋簷般的收藏處，構造簡單花費也不多。

花圃等造園工程在搬入後再進行較理想

當房屋落成，就開始注意搬家時期，最好在造園工程開始前遷入。

搬家時大多數物品必須經過庭園運送至屋內，一些大型物品從玄關進不去，所以庭院就成了搬運通路。

如果造園工程完畢後才遷入，就算搬家時再怎麼注意，也多多少少會傷到花木，而且往往得在尚未生根的小草上踏來踏去。如果搬家時左顧右盼注意花木，則搬運效率必定大打折扣。

造園工程以搬家後動工為原則，而且可以慢慢享受築園之樂。

屋內設不會影響到日常生活的晾曬場

即使非雨天，冬天日照弱，洗濯衣物往往一天乾不了，這時通常得在晚間移至屋簷下，等隔天再移出去曬太陽，這時如果家中有晾曬場就太好了。

室內晾曬場最適合之處為現代住宅已經很少見的屋簷走廊。其次是家事室、貯藏室，但吊掛起來的衣服最好不要利用這些地方。

新建或增建、改建的場合，設置晾曬場的屋內天花板最好盡量提高，這樣才不會在晾曬衣物後妨礙到日常通行。

然而，天花板升高不太容易，這時最簡單的方法是，兼用晾曬場的房間不要設天花板，直接用二樓地板當屋頂，並不需要因為看得見構造建材而使用高級材料，因為屋頂高，所以即使樑柱露出來也不太會注意到，不要釘天花板，而在需要晾曬之處掛掛鉤即可。

只不過因為沒有天花板，恐怕隔熱、隔音效果較差，所以要慎選設置場所。

大型晾曬場

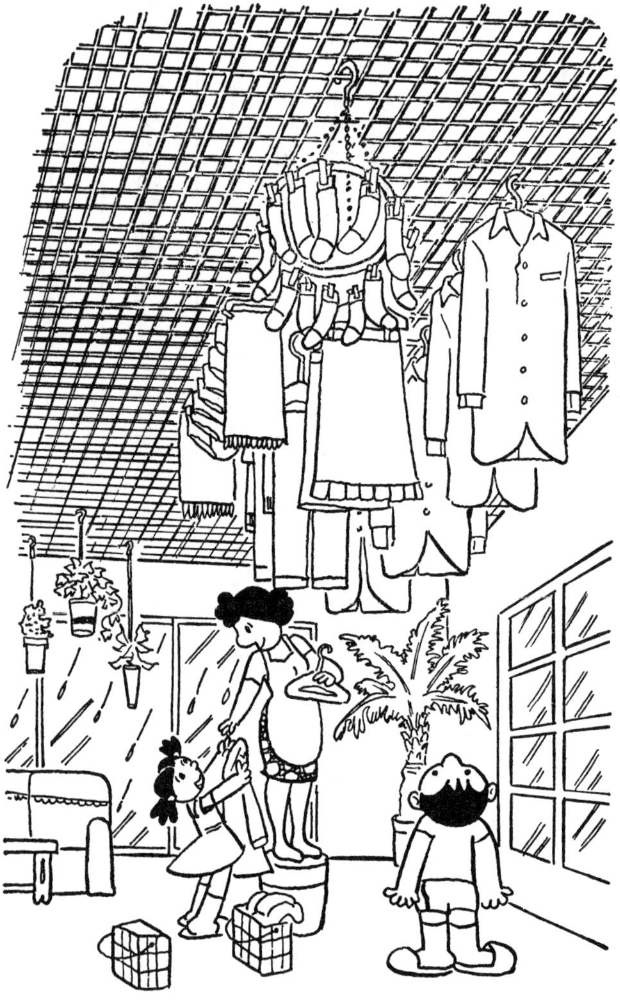

選用網格鋼架，屋頂為深色、鋼架塗上明色，則放在客廳也可以

另外，需要晾曬衣物多的家庭，也可採用如圖構想，在屋頂下安裝一大片網格，這樣不但可以吊掛大量衣物，也可遮蔽房屋結構。

西曬窗種植常春藤可緩和日曬

西曬因為太陽高度低，所以屋簷再長也沒用，雖然將屋簷往下可緩和日曬程度，但如果種植一些綠色植物不是更美嗎？

夏季落日威力更強，綠色植物可使落日影響降低，冬季可種植葡萄、常春藤，只要偶爾加些肥料即可照顧得很好。

除此之外，種植葫蘆花、牽牛花可欣賞美麗花朵，種植豆類更可享受收成之樂。

不僅窗前，落日也會從牆壁直接傳熱，所以也應在牆壁上種植綠色植物。

以緩和室內暑熱，只不過不論是木造屋或R

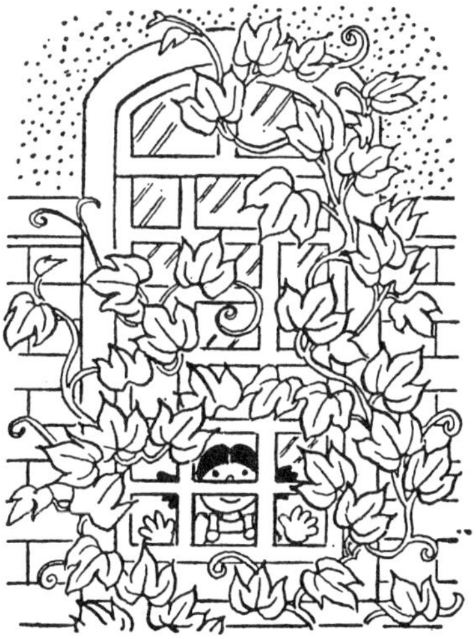

綠色常春藤也很適合……

C結構，綠色植物都一定要浮出壁面，直接貼於壁面看起來美，但會傷害房屋。

在枯燥無味的外觀加些綠意，不僅遮陽，更可體會田園之樂。

設水島式石塊庭園享受夏季清涼

如果夏季也能不吹冷氣，多麼符合健康原則啊！尤其是小孩子，太過於依賴冷暖氣機，造成無法應付自然的虛弱體質。

在此介紹「水島式石塊庭園」。這是評論家水島照子先生在二十年前發明的庭園，不但對日常生活有助益，更可享受家庭之樂。

材料是水泥石塊及砂，在舖平的砂石上排石塊，之間再放入砂。夏天在砂與石塊中注水，氣化熱會使周圍感覺涼爽，而且不像混泥土會反射。晚餐可活用此庭園，在此清涼環境中，胃口大開。

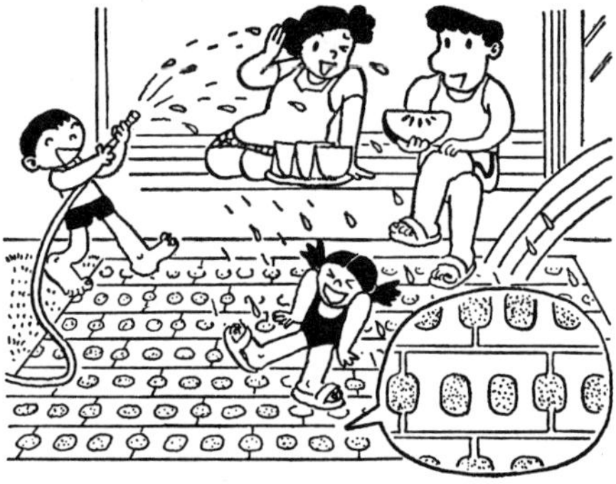

自己施工注意點

石塊間隔不要超過7cm（否則腳會陷到裡面）。

庭園不可比地基高（濕氣會侵入地基）。

不要塞住地下換氣孔。

有了這片石塊庭園，再配上旁邊的草坪，真是最棒的家園。

使用磚塊磚要注意轉角部分

即使木造住宅，也有很多在門口、庭院鋪磚塊磚，磚塊磚自然、大方是受喜愛原因之一。

乍看之下都差不多的漂亮磚塊磚，實際上種類不少，使用方式也是個問題，光是因為價錢高就期待好色澤、好質感是錯誤的，一定要考慮到與建築物整體或周邊環境配合才行，否則即使你採用高價磚塊磚，也只會令人感覺零亂而已。

當你決定使用磚塊磚之後，就得注意轉角部分務必使用補助磚。

如圖所示，轉角部分使用平磚，會使轉角不夠美觀，使用補助磚後整體印象就不同了。雖然價格高三～八倍，但絕對值得。

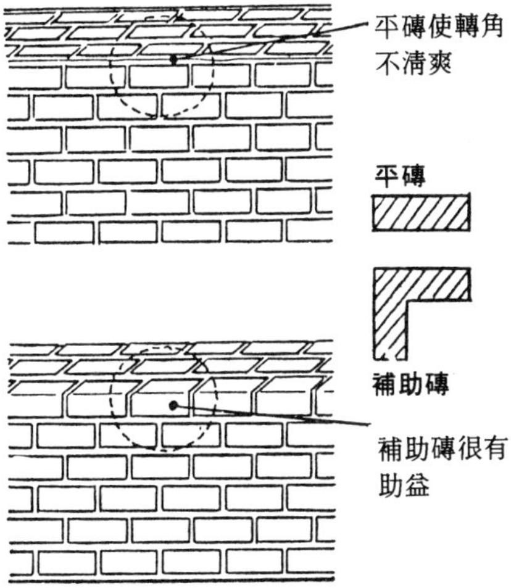
平磚使轉角不清爽
平磚
補助磚
補助磚很有助益

第十一章　施工、設備注意要訣

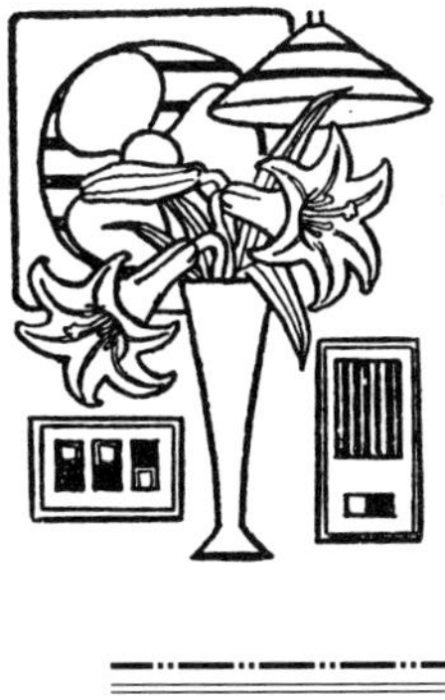

● 地基與地面之間設換氣孔可增長房屋壽命

● 插座、開關高度應配合家具

隔熱材的防濕層與室內加工材密合才有效果

隔熱材施工方法錯誤會造成隔熱材不具隔熱效果，即使各家品牌都有「施工說明書」，但事實上誤用的例子仍然不少。

以下整理施工中注意事項，雖然有點專業，但還是得請施工者注意。

一是防濕層的位置問題，防濕層必須以室內側為原則。

常常見到為了防止室內產生的潮濕，卻從外壁施工防濕層的例子。這是因為防濕層是像錫箔一樣的銀色光，施工者誤解為可以反射外來的熱所致。使用於外側會使濕氣封閉於防濕層內，因為玻璃棉含有濕氣，所以隔熱材性能降低，助長壁體內結露，如此不但對房屋沒有助益，反而有傷害房屋的危險。

另一個問題是，隔熱材的防濕層必須與室內加工材密合。

如果隔熱材與外側壁密合施工，則大部分是在間柱之間加上隔熱材，留在間柱的側面，造成與內壁之間的縫隙。如此一來，隔熱材與內壁之間的縫隙就有空氣流通，喪失玻璃棉的隔熱效果。

例如做在屋頂的隔熱材，如果隨便做在天花板上，則與外緣（釘天花板的細長橫木）之間有空隙，如果冷空氣流於空隙中，則暖氣房中的天花板會結露，潮濕之處易沾灰塵，天花板就會出現花紋。

如此不但斑點不易消失，也達不到隔熱效果，做了等於白做。隔熱材一定得和室內加工材密合才行。

以上二點決定隔熱效果的好壞。

結構完成後就無法確認隔熱材施工正確與否，而且必須住進去後才能比較隔熱效果，如果只因花錢就算數，那真是莫大的損失。

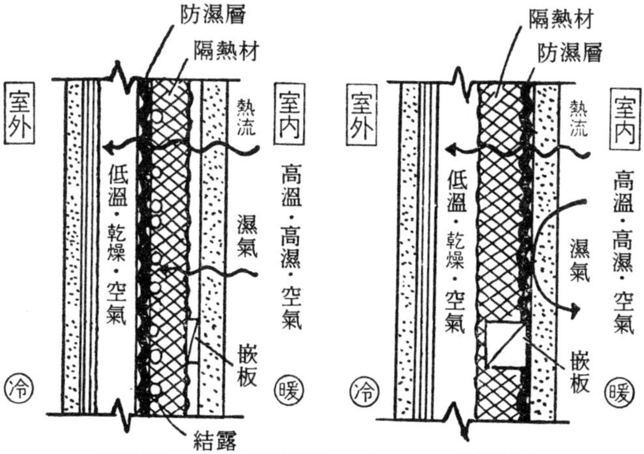

（惡例）　隔熱材施工法　（好例）

地基與地面之間設換氣孔可增長房屋壽命

木造住宅的重要條件之一，就是看不見之處有空氣流通，地板下容易潮溼，但如果空氣流通可使地板下乾燥，防止地板腐壞。因此，建築法中規定必須在地板下設置換氣口。

如圖所示，在地基與地板之間設二公分左右的空隙，即可使空氣充分流通，稱為「換氣孔」。這種換氣孔比一般地下換氣口開口大一倍，如此不但可保地板下乾燥，而且不會傷害地基。

換氣孔是在柱子下或基礎螺栓部分蓋孔，材料以不會生銹的木材為佳，但應挑選耐水性強的檜木、扁柏。

最近防腐觀念增強，已有此種製成品。

換氣孔

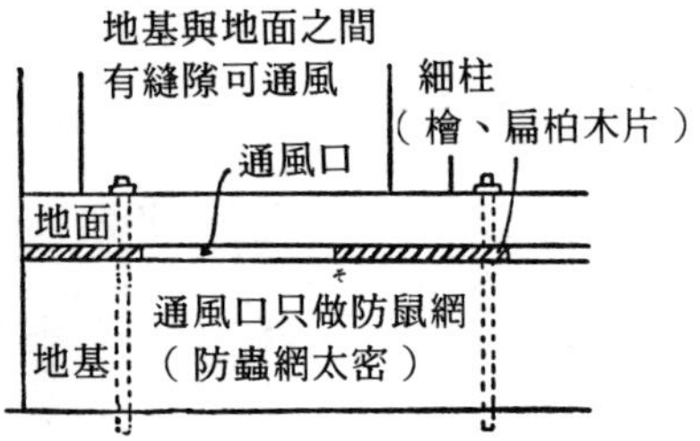

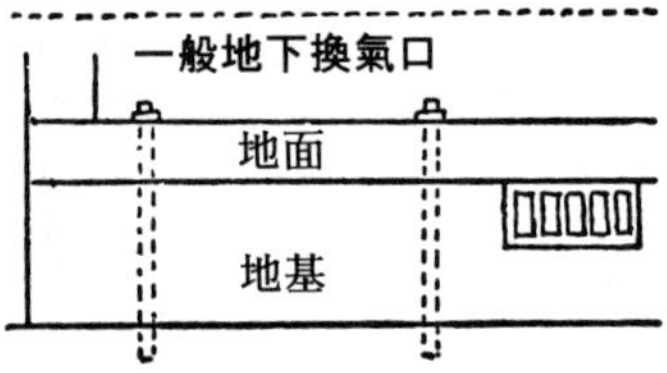

排水管伸入地下部分施工不良會使惡臭逆流

廚房水槽、洗臉台等處，總是飄著一股怪味道……，房子剛蓋好的時候好像不會啊！怎麼現在出現這種現象？

這是排水管接頭的問題，以洗臉台為例，有如圖所示四個接管，其中ⓓ處連接不好就會出現下水溝惡臭飄上來的情形。此部分因覆蓋往往被忽略。但這卻是惡臭逆流最嚴重之處，當密合不良時，惡臭就會從縫隙侵入室內，所以一定得十分注意，將覆蓋拿起來，檢查看看排水管是否與氯乙烯管密合。

惡臭從ⓓ部分入侵時，即使防臭閥（防止下水道惡臭從排水管逆流，而在S狀或P狀排水管處做封水措施）也無任何助益。

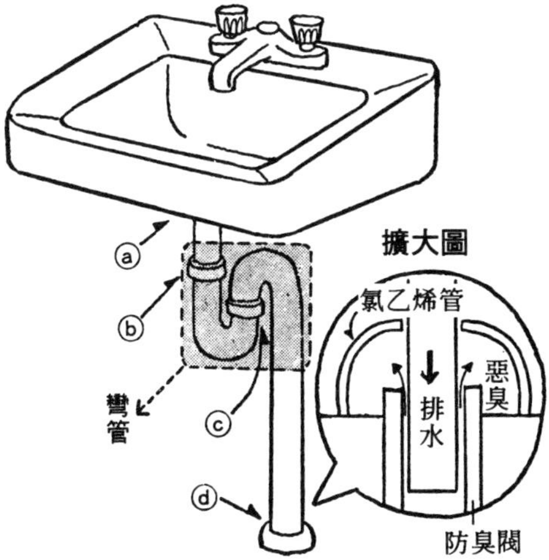

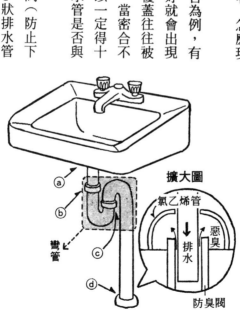

開關裝在大門後側必須在黑暗中摸索開關

照明器具配置位置決定後，接下來是開關位置，有些人以家具配置為第一要件，開關得配合家具擺設。

實際生活與家人習慣有密切關係，所以應充分與設計師溝通後再決定位置。

尤其應該注意的是出入口門開閉的情形。

當門從室內側打開後，開關位於門後時，每次開門就在黑暗的門後摸索開關位置，這時應該更改門或開關的位置，絕不可只考慮家具配置。

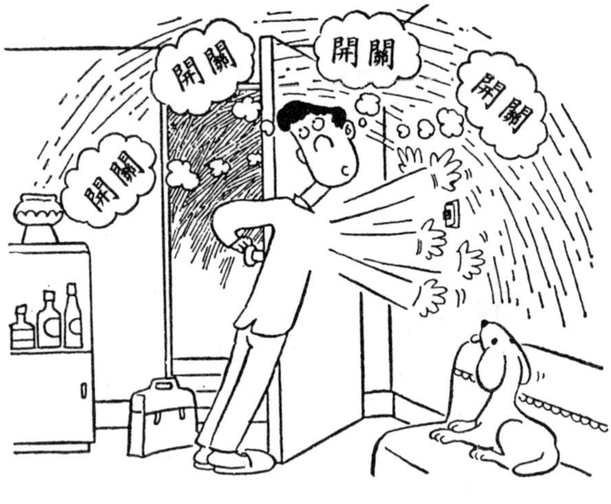

開關在門後很不方便

一個電鈴可設二個鈴聲

常常有人一回到家中就喜歡獨自關在房裡聽音響、隨身聽，或在院子裡打掃，根本聽不見家中其他聲音，甚至有人在戶外按了老半天電鈴，屋內的人也茫然不知，為了使電鈴發揮效用，一個電鈴可多設幾處鈴聲。

也有些家庭的隔音設備非常好，使得房門關閉後就聽不見外面的電鈴聲，往往因此造成訪客白跑一趟的遺憾，所以在房屋設計時，應配合隔間情形檢討鈴聲的位置及數量。

但也不是說鈴聲愈多愈好，任何角落都聽得見鈴聲的過剩設置應該避免。除了特殊場合外，原則上以一樓一個鈴聲為佳，或者在樓梯處也設置一個，而且最好能夠調節音量。

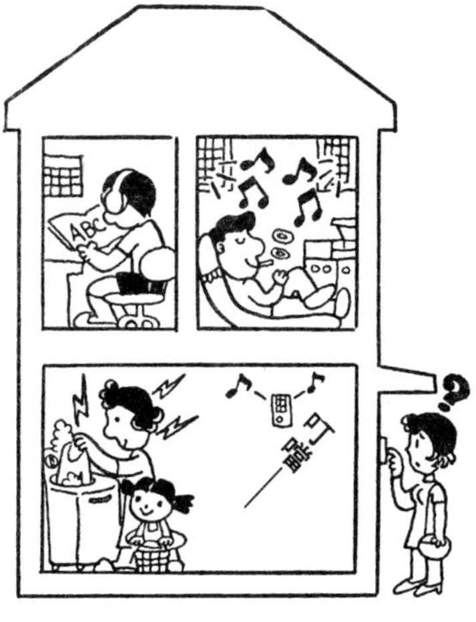

一個電鈴可以配上幾個鈴聲

插座、開關位置應配合家具

建築業的習慣是，插座離地面十五公分、開關離地面一二〇公分。這是一般使用的最佳高度，但有時依場所、房間狀況不同，可以自行調整。新建房屋時，應逐一檢查這個位置是不是適當設置處，否則事後再變更工程更麻煩。

放桌子、化妝台的壁面都不適合設插座，如果要設插座，也應該高於桌面。

另外，開關高度與置於壁面的家具高度有關，若書架高一五〇公分，即可將開關設在書架上方，雖然稍微高了點，但總比開關藏在書架背後方便多了。不過原則上以方便使用為重點，如果手難以搆到的位置，就一點效果也沒有了。

現在住宅不適合的情況很多，請與電器行商量改設方式，如果大壁構造的壁中是空洞，則開關及插座配線都可以從天花板拉線，高度變更應不難。

只不過頻繁變更家具擺設位置的家庭，並不建議這麼做，還是以一般習慣為準。

開關、插座位置應考慮家具配置

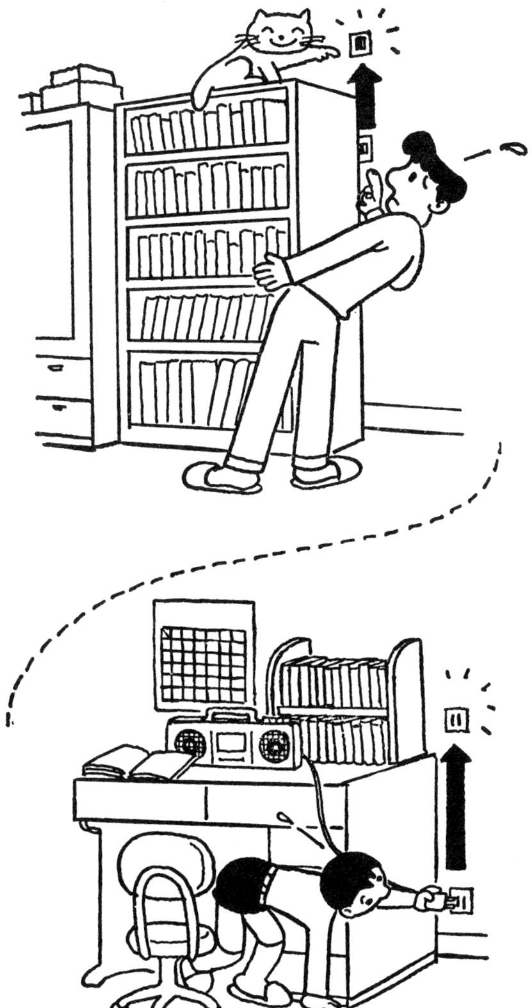

枕邊設雙向開關方便就寢熄燈

常見到寢室天花板吊燈垂下一條線，以便就寢時拉線熄燈，這是生活上的一種智慧，但卻不盡理想。至少房內空間垂一條線，總感覺不舒服。

在此建議寢室天花板燈採雙向開關，一處在入口處，另一處設在枕頭邊。如果擺床鋪就可立即決定位置，若是打地鋪則得先決定睡眠位置後再決定開關位置。

這種雙向開關設置對於病人非常有益，但這適合生活習慣，家具位置不變的房間。

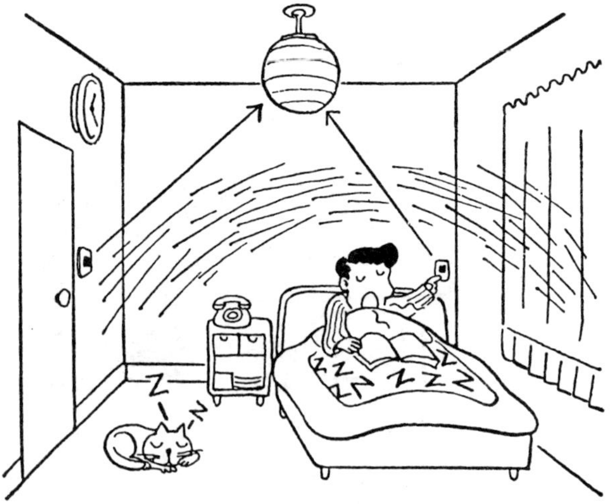

枕邊設開關方便就寢熄燈

捨抽風扇而改為自然換氣

廚房瓦斯爐上方的抽風扇是必需品，但電動式抽風扇需要嗎？

例如浴室，使用抽風扇換氣一個鐘頭後，如果沒有自然換氣設備，則其餘二十三小時浴室就處於空氣不流通狀態。最好還是在浴室設給氣口與排氣口，入浴後讓浴室自然換氣，可增長房屋壽命。沒有窗戶的浴室一定需要抽風扇，有窗戶的浴室只有在自然換氣還無法乾燥的情況下才利用抽風扇。

其次是廁所，和浴室一樣，以自然換氣為原則。如果家中有二個廁所，而且均有上下二處開口，就不必裝抽風扇了，因為即使有抽風扇轉動，使用過後的廁所一時之間還是感覺不舒服，這時可以利用另一間廁所，就不會有不舒服的感覺，自然換氣就夠了。

最後是裝在寢室、客廳的抽風扇，這是騷音與風扇轉動所引起的空氣流動問題。在安靜的寢室裡，作動中的聲音會形成騷音，而在暖房中，為了怕冷空氣進入，所以往往不開抽風機，只要有自然換氣口，不論哪一個房間都不用抽風扇。

不要太依賴機械，重新「享受自然」吧！

作者簡介：吉田春美

一級建築士，日本埼玉縣浦和市。橫濱國立大學工學部建築學科畢業。

一九七八年設立一級建築士事務所吉田建築設計室。

一九八三年住宅設計會會員。其工作範圍涵蓋住宅、實驗室、店鋪等。日木建學會，埼玉縣建築士會員。以住宅設計爲本業，並接受電話預約詢談。

著有『新築とリフォームのアイデア集』、『ダイニング&キッチン』、『サニタリー』等。

自宅兼公司　〒336　日本埼玉縣浦和市北浦和3—11—2

電話：〇四八—八三二—二六〇八

大展出版社有限公司	圖書目錄
地址：台北市北投區11204 致遠一路二段12巷1號 郵撥： 0166955～1	電話：(02) 8236031 8236033 傳眞：(02) 8272069

・法律專欄連載・電腦編號 58

台大法學院 法律學系／策劃
法律服務社／編著

①別讓您的權利睡著了[1]	200元
②別讓您的權利睡著了[2]	200元

・秘傳占卜系列・電腦編號 14

①手相術	淺野八郎著	150元
②人相術	淺野八郎著	150元
③西洋占星術	淺野八郎著	150元
④中國神奇占卜	淺野八郎著	150元
⑤夢判斷	淺野八郎著	150元
⑥前世、來世占卜	淺野八郎著	150元
⑦法國式血型學	淺野八郎著	150元
⑧靈感、符咒學	淺野八郎著	150元
⑨紙牌占卜學	淺野八郎著	150元
⑩ＥＳＰ超能力占卜	淺野八郎著	150元
⑪猶太數的秘術	淺野八郎著	150元
⑫新心理測驗	淺野八郎著	160元
⑬塔羅牌預言秘法	淺野八郎著	200元

・趣味心理講座・電腦編號 15

①性格測驗１	探索男與女	淺野八郎著	140元
②性格測驗２	透視人心奧秘	淺野八郎著	140元
③性格測驗３	發現陌生的自己	淺野八郎著	140元
④性格測驗４	發現你的真面目	淺野八郎著	140元
⑤性格測驗５	讓你們吃驚	淺野八郎著	140元
⑥性格測驗６	洞穿心理盲點	淺野八郎著	140元
⑦性格測驗７	探索對方心理	淺野八郎著	140元
⑧性格測驗８	由吃認識自己	淺野八郎著	140元

⑨性格測驗9	戀愛知多少	淺野八郎著	160元
⑩性格測驗10	由裝扮瞭解人心	淺野八郎著	160元
⑪性格測驗11	敲開內心玄機	淺野八郎著	140元
⑫性格測驗12	透視你的未來	淺野八郎著	140元
⑬血型與你的一生		淺野八郎著	160元
⑭趣味推理遊戲		淺野八郎著	160元
⑮行爲語言解析		淺野八郎著	160元

・婦幼天地・電腦編號16

①八萬人減肥成果	黃靜香譯	180元
②三分鐘減肥體操	楊鴻儒譯	150元
③窈窕淑女美髮秘訣	柯素娥譯	130元
④使妳更迷人	成　玉譯	130元
⑤女性的更年期	官舒妍編譯	160元
⑥胎內育兒法	李玉瓊編譯	150元
⑦早產兒袋鼠式護理	唐岱蘭譯	200元
⑧初次懷孕與生產	婦幼天地編譯組	180元
⑨初次育兒12個月	婦幼天地編譯組	180元
⑩斷乳食與幼兒食	婦幼天地編譯組	180元
⑪培養幼兒能力與性向	婦幼天地編譯組	180元
⑫培養幼兒創造力的玩具與遊戲	婦幼天地編譯組	180元
⑬幼兒的症狀與疾病	婦幼天地編譯組	180元
⑭腿部苗條健美法	婦幼天地編譯組	180元
⑮女性腰痛別忽視	婦幼天地編譯組	150元
⑯舒展身心體操術	李玉瓊編譯	130元
⑰三分鐘臉部體操	趙薇妮著	160元
⑱生動的笑容表情術	趙薇妮著	160元
⑲心曠神怡減肥法	川津祐介著	130元
⑳內衣使妳更美麗	陳玄茹譯	130元
㉑瑜伽美姿美容	黃靜香編著	150元
㉒高雅女性裝扮學	陳珮玲譯	180元
㉓蠶糞肌膚美顏法	坂梨秀子著	160元
㉔認識妳的身體	李玉瓊譯	160元
㉕產後恢復苗條體態	居理安・芙萊喬著	200元
㉖正確護髮美容法	山崎伊久江著	180元
㉗安琪拉美姿養生學	安琪拉蘭斯博瑞著	180元
㉘女體性醫學剖析	增田豐著	220元
㉙懷孕與生產剖析	岡部綾子著	180元
㉚斷奶後的健康育兒	東城百合子著	220元
㉛引出孩子幹勁的責罵藝術	多湖輝著	170元

㉜培養孩子獨立的藝術	多湖輝著	170元
㉝子宮肌瘤與卵巢囊腫	陳秀琳編著	180元
㉞下半身減肥法	納他夏・史達賓著	180元
㉟女性自然美容法	吳雅菁編著	180元
㊱再也不發胖	池園悅太郎著	170元
㊲生男生女控制術	中垣勝裕著	220元
㊳使妳的肌膚更亮麗	楊　皓編著	170元
㊴臉部輪廓變美	芝崎義夫著	180元
㊵斑點、皺紋自己治療	高須克彌著	180元
㊶面皰自己治療	伊藤雄康著	180元
㊷隨心所欲瘦身冥想法	原久子著	180元
㊸胎兒革命	鈴木丈織著	180元
㊹NS磁氣平衡法塑造窈窕奇蹟	古屋和江著	180元

・青 春 天 地・電腦編號17

①A血型與星座	柯素娥編譯	160元
②B血型與星座	柯素娥編譯	160元
③O血型與星座	柯素娥編譯	160元
④AB血型與星座	柯素娥編譯	120元
⑤青春期性教室	呂貴嵐編譯	130元
⑥事半功倍讀書法	王毅希編譯	150元
⑦難解數學破題	宋釗宜編譯	130元
⑧速算解題技巧	宋釗宜編譯	130元
⑨小論文寫作秘訣	林顯茂編譯	120元
⑪中學生野外遊戲	熊谷康編著	120元
⑫恐怖極短篇	柯素娥編譯	130元
⑬恐怖夜話	小毛驢編譯	130元
⑭恐怖幽默短篇	小毛驢編譯	120元
⑮黑色幽默短篇	小毛驢編譯	120元
⑯靈異怪談	小毛驢編譯	130元
⑰錯覺遊戲	小毛驢編譯	130元
⑱整人遊戲	小毛驢編著	150元
⑲有趣的超常識	柯素娥編譯	130元
⑳哦！原來如此	林慶旺編譯	130元
㉑趣味競賽100種	劉名揚編譯	120元
㉒數學謎題入門	宋釗宜編譯	150元
㉓數學謎題解析	宋釗宜編譯	150元
㉔透視男女心理	林慶旺編譯	120元
㉕少女情懷的自白	李桂蘭編譯	120元
㉖由兄弟姊妹看命運	李玉瓊編譯	130元

㉗趣味的科學魔術	林慶旺編譯	150元
㉘趣味的心理實驗室	李燕玲編譯	150元
㉙愛與性心理測驗	小毛驢編譯	130元
㉚刑案推理解謎	小毛驢編譯	130元
㉛偵探常識推理	小毛驢編譯	130元
㉜偵探常識解謎	小毛驢編譯	130元
㉝偵探推理遊戲	小毛驢編譯	130元
㉞趣味的超魔術	廖玉山編著	150元
㉟趣味的珍奇發明	柯素娥編著	150元
㊱登山用具與技巧	陳瑞菊編著	150元

•健 康 天 地• 電腦編號18

①壓力的預防與治療	柯素娥編譯	130元
②超科學氣的魔力	柯素娥編譯	130元
③尿療法治病的神奇	中尾良一著	130元
④鐵證如山的尿療法奇蹟	廖玉山譯	120元
⑤一日斷食健康法	葉慈容編譯	150元
⑥胃部強健法	陳炳崑譯	120元
⑦癌症早期檢查法	廖松濤譯	160元
⑧老人痴呆症防止法	柯素娥編譯	130元
⑨松葉汁健康飲料	陳麗芬編譯	130元
⑩揉肚臍健康法	永井秋夫著	150元
⑪過勞死、猝死的預防	卓秀貞編譯	130元
⑫高血壓治療與飲食	藤山順豐著	150元
⑬老人看護指南	柯素娥編譯	150元
⑭美容外科淺談	楊啟宏著	150元
⑮美容外科新境界	楊啟宏著	150元
⑯鹽是天然的醫生	西英司郎著	140元
⑰年輕十歲不是夢	梁瑞麟譯	200元
⑱茶料理治百病	桑野和民著	180元
⑲綠茶治病寶典	桑野和民著	150元
⑳杜仲茶養顏減肥法	西田博著	150元
㉑蜂膠驚人療效	瀨長良三郎著	180元
㉒蜂膠治百病	瀨長良三郎著	180元
㉓醫藥與生活	鄭炳全著	180元
㉔鈣長生寶典	落合敏著	180元
㉕大蒜長生寶典	木下繁太郎著	160元
㉖居家自我健康檢查	石川恭三著	160元
㉗永恒的健康人生	李秀鈴譯	200元
㉘大豆卵磷脂長生寶典	劉雪卿譯	150元

㉙芳香療法	梁艾琳譯	160元
㉚醋長生寶典	柯素娥譯	180元
㉛從星座透視健康	席拉・吉蒂斯著	180元
㉜愉悅自在保健學	野本二士夫著	160元
㉝裸睡健康法	丸山淳士等著	160元
㉞糖尿病預防與治療	藤田順豐著	180元
㉟維他命長生寶典	菅原明子著	180元
㊱維他命C新效果	鐘文訓編	150元
㊲手、腳病理按摩	堤芳朗著	160元
㊳AIDS瞭解與預防	彼得塔歇爾著	180元
㊴甲殼質殼聚糖健康法	沈永嘉譯	160元
㊵神經痛預防與治療	木下眞男著	160元
㊶室內身體鍛鍊法	陳炳崑編著	160元
㊷吃出健康藥膳	劉大器編著	180元
㊸自我指壓術	蘇燕謀編著	160元
㊹紅蘿蔔汁斷食療法	李玉瓊編著	150元
㊺洗心術健康秘法	竺翠萍編譯	170元
㊻枇杷葉健康療法	柯素娥編譯	180元
㊼抗衰血癒	楊啟宏著	180元
㊽與癌搏鬥記	逸見政孝著	180元
㊾冬蟲夏草長生寶典	高橋義博著	170元
㊿痔瘡・大腸疾病先端療法	宮島伸宜著	180元
51膠布治癒頑固慢性病	加瀨建造著	180元
52芝麻神奇健康法	小林貞作著	170元
53香煙能防止癡呆？	高田明和著	180元
54穀菜食治癌療法	佐藤成志著	180元
55貼藥健康法	松原英多著	180元
56克服癌症調和道呼吸法	帶津良一著	180元
57Ｂ型肝炎預防與治療	野村喜重郎著	180元
58青春永駐養生導引術	早島正雄著	180元
59改變呼吸法創造健康	原久子著	180元
60荷爾蒙平衡養生秘訣	出村博著	180元
61水美肌健康法	井戶勝富著	170元
62認識食物掌握健康	廖梅珠編著	170元
63痛風劇痛消除法	鈴木吉彥著	180元
64酸莖菌驚人療效	上田明彥著	180元
65大豆卵磷脂治現代病	神津健一著	200元
66時辰療法——危險時刻凌晨４時	呂建強等著	180元
67自然治癒力提升法	帶津良一著	180元
68巧妙的氣保健法	藤平墨子著	180元
69治癒Ｃ型肝炎	熊田博光著	180元

⑩肝臟病預防與治療	劉名揚編著	180元
⑪腰痛平衡療法	荒井政信著	180元
⑫根治多汗症、狐臭	稻葉益巳著	220元
⑬40歲以後的骨質疏鬆症	沈永嘉譯	180元
⑭認識中藥	松下一成著	180元
⑮認識氣的科學	佐佐木茂美著	180元
⑯我戰勝了癌症	安田伸著	180元
⑰斑點是身心的危險信號	中野進著	180元
⑱艾波拉病毒大震撼	玉川重德著	180元
⑲重新還我黑髮	桑名隆一郎著	180元
⑳身體節律與健康	林博史著	180元
㉑生薑治萬病	石原結實著	180元

・實用女性學講座・電腦編號 19

①解讀女性內心世界	島田一男著	150元
②塑造成熟的女性	島田一男著	150元
③女性整體裝扮學	黃靜香編著	180元
④女性應對禮儀	黃靜香編著	180元
⑤女性婚前必修	小野十傳著	200元
⑥徹底瞭解女人	田口二州著	180元
⑦拆穿女性謊言88招	島田一男著	200元
⑧解讀女人心	島田一男著	200元

・校 園 系 列・電腦編號 20

①讀書集中術	多湖輝著	150元
②應考的訣竅	多湖輝著	150元
③輕鬆讀書贏得聯考	多湖輝著	150元
④讀書記憶秘訣	多湖輝著	150元
⑤視力恢復！超速讀術	江錦雲譯	180元
⑥讀書36計	黃柏松編著	180元
⑦驚人的速讀術	鐘文訓編著	170元
⑧學生課業輔導良方	多湖輝著	180元
⑨超速讀超記憶法	廖松濤編著	180元
⑩速算解題技巧	宋釗宜編著	200元
⑪看圖學英文	陳炳崑編著	200元

・實用心理學講座・電腦編號 21

①拆穿欺騙伎倆	多湖輝著	140元

②創造好構想	多湖輝著	140元
③面對面心理術	多湖輝著	160元
④偽裝心理術	多湖輝著	140元
⑤透視人性弱點	多湖輝著	140元
⑥自我表現術	多湖輝著	180元
⑦不可思議的人性心理	多湖輝著	150元
⑧催眠術入門	多湖輝著	150元
⑨責罵部屬的藝術	多湖輝著	150元
⑩精神力	多湖輝著	150元
⑪厚黑說服術	多湖輝著	150元
⑫集中力	多湖輝著	150元
⑬構想力	多湖輝著	150元
⑭深層心理術	多湖輝著	160元
⑮深層語言術	多湖輝著	160元
⑯深層說服術	多湖輝著	180元
⑰掌握潛在心理	多湖輝著	160元
⑱洞悉心理陷阱	多湖輝著	180元
⑲解讀金錢心理	多湖輝著	180元
⑳拆穿語言圈套	多湖輝著	180元
㉑語言的內心玄機	多湖輝著	180元

•超現實心理講座•電腦編號 22

①超意識覺醒法	詹蔚芬編譯	130元
②護摩秘法與人生	劉名揚編譯	130元
③秘法！超級仙術入門	陸　明譯	150元
④給地球人的訊息	柯素娥編著	150元
⑤密教的神通力	劉名揚編著	130元
⑥神秘奇妙的世界	平川陽一著	180元
⑦地球文明的超革命	吳秋嬌譯	200元
⑧力量石的秘密	吳秋嬌譯	180元
⑨超能力的靈異世界	馬小莉譯	200元
⑩逃離地球毀滅的命運	吳秋嬌譯	200元
⑪宇宙與地球終結之謎	南山宏著	200元
⑫驚世奇功揭秘	傅起鳳著	200元
⑬啟發身心潛力心象訓練法	栗田昌裕著	180元
⑭仙道術遁甲法	高藤聰一郎著	220元
⑮神通力的秘密	中岡俊哉著	180元
⑯仙人成仙術	高藤聰一郎著	200元
⑰仙道符咒氣功法	高藤聰一郎著	220元
⑱仙道風水術尋龍法	高藤聰一郎著	200元

⑲仙道奇蹟超幻像	高藤聰一郎著	200元
⑳仙道鍊金術房中法	高藤聰一郎著	200元
㉑奇蹟超醫療治癒難病	深野一幸著	220元
㉒揭開月球的神秘力量	超科學研究會	180元
㉓西藏密教奧義	高藤聰一郎著	250元

•養生保健• 電腦編號 23

①醫療養生氣功	黃孝寬著	250元
②中國氣功圖譜	余功保著	230元
③少林醫療氣功精粹	井玉蘭著	250元
④龍形實用氣功	吳大才等著	220元
⑤魚戲增視強身氣功	宮　嬰著	220元
⑥嚴新氣功	前新培金著	250元
⑦道家玄牝氣功	張　章著	200元
⑧仙家秘傳袪病功	李遠國著	160元
⑨少林十大健身功	秦慶豐著	180元
⑩中國自控氣功	張明武著	250元
⑪醫療防癌氣功	黃孝寬著	250元
⑫醫療強身氣功	黃孝寬著	250元
⑬醫療點穴氣功	黃孝寬著	250元
⑭中國八卦如意功	趙維漢著	180元
⑮正宗馬禮堂養氣功	馬禮堂著	420元
⑯秘傳道家筋經內丹功	王慶餘著	280元
⑰三元開慧功	辛桂林著	250元
⑱防癌治癌新氣功	郭　林著	180元
⑲禪定與佛家氣功修煉	劉天君著	200元
⑳顛倒之術	梅自強著	360元
㉑簡明氣功辭典	吳家駿編	360元
㉒八卦三合功	張全亮著	230元
㉓朱砂掌健身養生功	楊　永著	250元
㉔抗老功	陳九鶴著	230元

•社會人智囊• 電腦編號 24

①糾紛談判術	清水增三著	160元
②創造關鍵術	淺野八郎著	150元
③觀人術	淺野八郎著	180元
④應急詭辯術	廖英迪編著	160元
⑤天才家學習術	木原武一著	160元
⑥猫型狗式鑑人術	淺野八郎著	180元

⑦逆轉運掌握術	淺野八郎著	180元
⑧人際圓融術	澀谷昌三著	160元
⑨解讀人心術	淺野八郎著	180元
⑩與上司水乳交融術	秋元隆司著	180元
⑪男女心態定律	小田晉著	180元
⑫幽默說話術	林振輝編著	200元
⑬人能信賴幾分	淺野八郎著	180元
⑭我一定能成功	李玉瓊譯	180元
⑮獻給青年的嘉言	陳蒼杰譯	180元
⑯知人、知面、知其心	林振輝編著	180元
⑰塑造堅強的個性	坂上肇著	180元
⑱為自己而活	佐藤綾子著	180元
⑲未來十年與愉快生活有約	船井幸雄著	180元
⑳超級銷售話術	杜秀卿譯	180元
㉑感性培育術	黃靜香編著	180元
㉒公司新鮮人的禮儀規範	蔡媛惠譯	180元
㉓傑出職員鍛鍊術	佐佐木正著	180元
㉔面談獲勝戰略	李芳黛譯	180元
㉕金玉良言撼人心	森純大著	180元
㉖男女幽默趣典	劉華亭編著	180元
㉗機智說話術	劉華亭編著	180元
㉘心理諮商室	柯素娥譯	180元
㉙如何在公司頭角崢嶸	佐佐木正著	180元
㉚機智應對術	李玉瓊編著	200元
㉛克服低潮良方	坂野雄二著	180元
㉜智慧型說話技巧	沈永嘉編著	元
㉝記憶力、集中力增進術	廖松濤編著	180元

•精 選 系 列• 電腦編號 25

①毛澤東與鄧小平	渡邊利夫等著	280元
②中國大崩裂	江戶介雄著	180元
③台灣•亞洲奇蹟	上村幸治著	220元
④7-ELEVEN高盈收策略	國友隆一著	180元
⑤台灣獨立	森 詠著	200元
⑥迷失中國的末路	江戶雄介著	220元
⑦2000年5月全世界毀滅	紫藤甲子男著	180元
⑧失去鄧小平的中國	小島朋之著	220元
⑨世界史爭議性異人傳	桐生操著	200元
⑩淨化心靈享人生	松濤弘道著	220元
⑪人生心情診斷	賴藤和寬著	220元

⑫中美大決戰	檜山良昭著	220元

・運 動 遊 戲・電腦編號 26

①雙人運動	李玉瓊譯	160元
②愉快的跳繩運動	廖玉山譯	180元
③運動會項目精選	王佑京譯	150元
④肋木運動	廖玉山譯	150元
⑤測力運動	王佑宗譯	150元

・休 閒 娛 樂・電腦編號 27

①海水魚飼養法	田中智浩著	300元
②金魚飼養法	曾雪玫譯	250元
③熱門海水魚	毛利匡明著	480元
④愛犬的教養與訓練	池田好雄著	250元

・銀髮族智慧學・電腦編號 28

①銀髮六十樂逍遙	多湖輝著	170元
②人生六十反年輕	多湖輝著	170元
③六十歲的決斷	多湖輝著	170元

・飲 食 保 健・電腦編號 29

①自己製作健康茶	大海淳著	220元
②好吃、具藥效茶料理	德永睦子著	220元
③改善慢性病健康藥草茶	吳秋嬌譯	200元
④藥酒與健康果菜汁	成玉編著	250元

・家庭醫學保健・電腦編號 30

①女性醫學大全	雨森良彥著	380元
②初爲人父育兒寶典	小瀧周曹著	220元
③性活力強健法	相建華著	220元
④30歲以上的懷孕與生產	李芳黛編著	220元
⑤舒適的女性更年期	野末悅子著	200元
⑥夫妻前戲的技巧	笠井寛司著	200元
⑦病理足穴按摩	金慧明著	220元
⑧爸爸的更年期	河野孝旺著	200元
⑨橡皮帶健康法	山田晶著	200元

⑩33天健美減肥	相建華等著	180元
⑪男性健美入門	孫玉祿編著	180元
⑫強化肝臟秘訣	主婦の友社編	200元
⑬了解藥物副作用	張果馨譯	200元
⑭女性醫學小百科	松山榮吉著	200元
⑮左轉健康秘訣	龜田修等著	200元
⑯實用天然藥物	鄭炳全編著	260元
⑰神秘無痛平衡療法	林宗駛著	180元
⑱膝蓋健康法	張果馨譯	180元

・心 靈 雅 集・電腦編號 00

①禪言佛語看人生	松濤弘道著	180元
②禪密教的奧秘	葉逯謙譯	120元
③觀音大法力	田口日勝著	120元
④觀音法力的大功德	田口日勝著	120元
⑤達摩禪106智慧	劉華亭編譯	220元
⑥有趣的佛教研究	葉逯謙編譯	170元
⑦夢的開運法	蕭京凌譯	130元
⑧禪學智慧	柯素娥編譯	130元
⑨女性佛教入門	許俐萍譯	110元
⑩佛像小百科	心靈雅集編譯組	130元
⑪佛教小百科趣談	心靈雅集編譯組	120元
⑫佛教小百科漫談	心靈雅集編譯組	150元
⑬佛教知識小百科	心靈雅集編譯組	150元
⑭佛學名言智慧	松濤弘道著	220元
⑮釋迦名言智慧	松濤弘道著	220元
⑯活人禪	平田精耕著	120元
⑰坐禪入門	柯素娥編譯	150元
⑱現代禪悟	柯素娥編譯	130元
⑲道元禪師語錄	心靈雅集編譯組	130元
⑳佛學經典指南	心靈雅集編譯組	130元
㉑何謂「生」　阿含經	心靈雅集編譯組	150元
㉒一切皆空　般若心經	心靈雅集編譯組	150元
㉓超越迷惘　法句經	心靈雅集編譯組	130元
㉔開拓宇宙觀　華嚴經	心靈雅集編譯組	180元
㉕真實之道　法華經	心靈雅集編譯組	130元
㉖自由自在　涅槃經	心靈雅集編譯組	130元
㉗沈默的教示　維摩經	心靈雅集編譯組	150元
㉘開通心眼　佛語佛戒	心靈雅集編譯組	130元
㉙揭秘寶庫　密教經典	心靈雅集編譯組	180元

㉚坐禪與養生	廖松濤譯	110元
㉛釋尊十戒	柯素娥編譯	120元
㉜佛法與神通	劉欣如編著	120元
㉝悟(正法眼藏的世界)	柯素娥編譯	120元
㉞只管打坐	劉欣如編著	120元
㉟喬答摩・佛陀傳	劉欣如編著	120元
㊱唐玄奘留學記	劉欣如編著	120元
㊲佛教的人生觀	劉欣如編譯	110元
㊳無門關(上卷)	心靈雅集編譯組	150元
㊴無門關(下卷)	心靈雅集編譯組	150元
㊵業的思想	劉欣如編著	130元
㊶佛法難學嗎	劉欣如著	140元
㊷佛法實用嗎	劉欣如著	140元
㊸佛法殊勝嗎	劉欣如著	140元
㊹因果報應法則	李常傳編	180元
㊺佛教醫學的奧秘	劉欣如編著	150元
㊻紅塵絕唱	海　若著	130元
㊼佛教生活風情	洪丕謨、姜玉珍著	220元
㊽行住坐臥有佛法	劉欣如著	160元
㊾起心動念是佛法	劉欣如著	160元
㊿四字禪語	曹洞宗青年會	200元
51妙法蓮華經	劉欣如編著	160元
52根本佛教與大乘佛教	葉作森編	180元
53大乘佛經	定方晟著	180元
54須彌山與極樂世界	定方晟著	180元
55阿闍世的悟道	定方晟著	180元
56金剛經的生活智慧	劉欣如著	180元

・經 營 管 理・電腦編號 01

◎創新經營管理六十六大計(精)	蔡弘文編	780元
①如何獲取生意情報	蘇燕謀譯	110元
②經濟常識問答	蘇燕謀譯	130元
④台灣商戰風雲錄	陳中雄著	120元
⑤推銷大王秘錄	原一平著	180元
⑥新創意・賺大錢	王家成譯	90元
⑦工廠管理新手法	琪　輝著	120元
⑨經營參謀	柯順隆譯	120元
⑩美國實業24小時	柯順隆譯	80元
⑪撼動人心的推銷法	原一平著	150元
⑫高竿經營法	蔡弘文編	120元

⑬如何掌握顧客	柯順隆譯	150元
⑭一等一賺錢策略	蔡弘文編	120元
⑯成功經營妙方	鐘文訓著	120元
⑰一流的管理	蔡弘文編	150元
⑱外國人看中韓經濟	劉華亭譯	150元
⑳突破商場人際學	林振輝編著	90元
㉑無中生有術	琪輝編著	140元
㉒如何使女人打開錢包	林振輝編著	100元
㉓操縱上司術	邑井操著	90元
㉔小公司經營策略	王嘉誠著	160元
㉕成功的會議技巧	鐘文訓編譯	100元
㉖新時代老闆學	黃柏松編著	100元
㉗如何創造商場智囊團	林振輝編譯	150元
㉘十分鐘推銷術	林振輝編譯	180元
㉙五分鐘育才	黃柏松編譯	100元
㉚成功商場戰術	陸明編譯	100元
㉛商場談話技巧	劉華亭編譯	120元
㉜企業帝王學	鐘文訓譯	90元
㉝自我經濟學	廖松濤編譯	100元
㉞一流的經營	陶田生編著	120元
㉟女性職員管理術	王昭國編譯	120元
㊱ＩＢＭ的人事管理	鐘文訓編譯	150元
㊲現代電腦常識	王昭國編譯	150元
㊳電腦管理的危機	鐘文訓編譯	120元
㊴如何發揮廣告效果	王昭國編譯	150元
㊵最新管理技巧	王昭國編譯	150元
㊶一流推銷術	廖松濤編譯	150元
㊷包裝與促銷技巧	王昭國編譯	130元
㊸企業王國指揮塔	松下幸之助著	120元
㊹企業精銳兵團	松下幸之助著	120元
㊺企業人事管理	松下幸之助著	100元
㊻華僑經商致富術	廖松濤編譯	130元
㊼豐田式銷售技巧	廖松濤編譯	180元
㊽如何掌握銷售技巧	王昭國編著	130元
㊿洞燭機先的經營	鐘文訓編譯	150元
52新世紀的服務業	鐘文訓編譯	100元
53成功的領導者	廖松濤編譯	120元
54女推銷員成功術	李玉瓊編譯	130元
55ＩＢＭ人才培育術	鐘文訓編譯	100元
56企業人自我突破法	黃琪輝編著	150元
58財富開發術	蔡弘文編著	130元

㊾成功的店舖設計	鐘文訓編著	150元
㊷企管回春法	蔡弘文編著	130元
㊸小企業經營指南	鐘文訓編譯	100元
㊹商場致勝名言	鐘文訓編譯	150元
㊺迎接商業新時代	廖松濤編譯	100元
㊼新手股票投資入門	何朝乾　編	200元
㊽上揚股與下跌股	何朝乾編譯	180元
㊾股票速成學	何朝乾編譯	200元
㊿理財與股票投資策略	黃俊豪編著	180元
⑦⓪黃金投資策略	黃俊豪編著	180元
⑦①厚黑管理學	廖松濤編譯	180元
⑦②股市致勝格言	呂梅莎編譯	180元
⑦③透視西武集團	林谷燁編譯	150元
⑦⑥巡迴行銷術	陳蒼杰譯	150元
⑦⑦推銷的魔術	王嘉誠譯	120元
⑦⑧60秒指導部屬	周蓮芬編譯	150元
⑦⑨精銳女推銷員特訓	李玉瓊編譯	130元
⑧⓪企劃、提案、報告圖表的技巧	鄭　汶　譯	180元
⑧①海外不動產投資	許達守編譯	150元
⑧②八百件的世界策略	李玉瓊譯	150元
⑧③服務業品質管理	吳宜芬譯	180元
⑧④零庫存銷售	黃東謙編譯	150元
⑧⑤三分鐘推銷管理	劉名揚編譯	150元
⑧⑥推銷大王奮鬥史	原一平著	150元
⑧⑦豐田汽車的生產管理	林谷燁編譯	150元

・成功寶庫・電腦編號 02

①上班族交際術	江森滋著	100元
②拍馬屁訣竅	廖玉山編譯	110元
④聽話的藝術	歐陽輝編譯	110元
⑨求職轉業成功術	陳　義編著	110元
⑩上班族禮儀	廖玉山編著	120元
⑪接近心理學	李玉瓊編著	100元
⑫創造自信的新人生	廖松濤編著	120元
⑭上班族如何出人頭地	廖松濤編著	100元
⑮神奇瞬間瞑想法	廖松濤編譯	100元
⑯人生成功之鑰	楊意苓編著	150元
⑲給企業人的諍言	鐘文訓編著	120元
⑳企業家自律訓練法	陳　義編譯	100元
㉑上班族妖怪學	廖松濤編著	100元

㉒猶太人縱橫世界的奇蹟	孟佑政編著	110元
㉓訪問推銷術	黃静香編著	130元
㉕你是上班族中強者	嚴思圖編著	100元
㉖向失敗挑戰	黃静香編著	100元
㉚成功頓悟100則	蕭京凌編譯	130元
㉛掌握好運100則	蕭京凌編譯	110元
㉜知性幽默	李玉瓊編譯	130元
㉝熟記對方絕招	黃静香編譯	100元
㉞男性成功秘訣	陳蒼杰編譯	130元
㊱業務員成功秘方	李玉瓊編著	120元
㊲察言觀色的技巧	劉華亭編著	180元
㊳一流領導力	施義彥編譯	120元
㊴一流說服力	李玉瓊編著	130元
㊵30秒鐘推銷術	廖松濤編譯	150元
㊶猶太成功商法	周蓮芬編譯	120元
㊷尖端時代行銷策略	陳蒼杰編著	100元
㊸顧客管理學	廖松濤編著	100元
㊹如何使對方說Yes	程　羲編著	150元
㊺如何提高工作效率	劉華亭編著	150元
㊼上班族口才學	楊鴻儒譯	120元
㊽上班族新鮮人須知	程　羲編著	120元
㊾如何左右逢源	程　羲編著	130元
㊿語言的心理戰	多湖輝著	130元
(51)扣人心弦演說術	劉名揚編著	120元
(55)性惡企業管理學	陳蒼杰譯	130元
(56)自我啟發200招	楊鴻儒編著	150元
(57)做個傑出女職員	劉名揚編著	130元
(58)靈活的集團營運術	楊鴻儒編著	120元
(60)個案研究活用法	楊鴻儒編著	130元
(61)企業教育訓練遊戲	楊鴻儒編著	120元
(62)管理者的智慧	程　羲編譯	130元
(63)做個佼佼管理者	馬筱莉編譯	130元
(66)活用佛學於經營	松濤弘道著	150元
(67)活用禪學於企業	柯素娥編譯	130元
(68)詭辯的智慧	沈永嘉編譯	150元
(69)幽默詭辯術	廖玉山編譯	150元
(70)拿破崙智慧箴言	柯素娥編譯	130元
(71)自我培育•超越	蕭京凌編譯	150元
(74)時間即一切	沈永嘉編譯	130元
(75)自我脫胎換骨	柯素娥譯	150元
(76)贏在起跑點—人才培育鐵則	楊鴻儒編譯	150元

⑦做一枚活棋	李玉瓊編譯	130元
⑧面試成功戰略	柯素娥編譯	130元
⑨自我介紹與社交禮儀	柯素娥編譯	150元
⑩說NO的技巧	廖玉山編譯	130元
⑪瞬間攻破心防法	廖玉山編譯	120元
⑫改變一生的名言	李玉瓊編譯	130元
⑬性格性向創前程	楊鴻儒編譯	130元
⑭訪問行銷新竅門	廖玉山編譯	150元
⑮無所不達的推銷話術	李玉瓊編譯	150元

•處 世 智 慧•電腦編號 03

①如何改變你自己	陸明編譯	120元
⑥靈感成功術	譚繼山編譯	80元
⑧扭轉一生的五分鐘	黃柏松編譯	100元
⑩現代人的詭計	林振輝譯	100元
⑫如何利用你的時間	蘇遠謀譯	80元
⑬口才必勝術	黃柏松編譯	120元
⑭女性的智慧	譚繼山編譯	90元
⑮如何突破孤獨	張文志編譯	80元
⑯人生的體驗	陸明編譯	80元
⑰微笑社交術	張芳明譯	90元
⑱幽默吹牛術	金子登著	90元
⑲攻心說服術	多湖輝著	100元
⑳當機立斷	陸明編譯	70元
㉑勝利者的戰略	宋恩臨編譯	80元
㉒如何交朋友	安紀芳編著	70元
㉓鬥智奇謀（諸葛孔明兵法）	陳炳崑著	70元
㉔慧心良言	亦　奇著	80元
㉕名家慧語	蔡逸鴻主編	90元
㉗稱霸者啟示金言	黃柏松編譯	90元
㉘如何發揮你的潛能	陸明編譯	90元
㉙女人身態語言學	李常傳譯	130元
㉚摸透女人心	張文志譯	90元
㉛現代戀愛秘訣	王家成譯	70元
㉜給女人的悄悄話	妮倩編譯	90元
㉞如何開拓快樂人生	陸明編譯	90元
㉟驚人時間活用法	鐘文訓譯	80元
㊱成功的捷徑	鐘文訓譯	70元
㊲幽默逗笑術	林振輝著	120元
㊳活用血型讀書法	陳炳崑譯	80元

㊴心　燈	葉于模著	100元
㊵當心受騙	林顯茂譯	90元
㊶心・體・命運	蘇燕謀譯	70元
㊷如何使頭腦更敏銳	陸明編譯	70元
㊸宮本武藏五輪書金言錄	宮本武藏著	100元
㊺勇者的智慧	黃柏松編譯	80元
㊼成熟的愛	林振輝譯	120元
㊽現代女性駕馭術	蔡德華著	90元
㊾禁忌遊戲	酒井潔著	90元
52摸透男人心	劉華亭編譯	80元
53如何達成願望	謝世輝著	90元
54創造奇蹟的「想念法」	謝世輝著	90元
55創造成功奇蹟	謝世輝著	90元
57幻想與成功	廖松濤譯	80元
58反派角色的啟示	廖松濤編譯	70元
59現代女性須知	劉華亭編著	75元
62如何突破內向	姜倩怡編譯	110元
64讀心術入門	王家成編譯	100元
65如何解除內心壓力	林美羽編著	110元
66取信於人的技巧	多湖輝著	110元
67如何培養堅強的自我	林美羽編著	90元
68自我能力的開拓	卓一凡編著	110元
70縱橫交涉術	嚴思圖編著	90元
71如何培養妳的魅力	劉文珊編著	90元
72魅力的力量	姜倩怡編著	90元
75個性膽怯者的成功術	廖松濤編譯	100元
76人性的光輝	文可式編著	90元
79培養靈敏頭腦秘訣	廖玉山編著	90元
80夜晚心理術	鄭秀美編譯	80元
81如何做個成熟的女性	李玉瓊編著	80元
82現代女性成功術	劉文珊編著	90元
83成功說話技巧	梁惠珠編譯	100元
84人生的真諦	鐘文訓編譯	100元
85妳是人見人愛的女孩	廖松濤編著	120元
87指尖・頭腦體操	蕭京凌編譯	90元
88電話應對禮儀	蕭京凌編著	120元
89自我表現的威力	廖松濤編譯	100元
90名人名語啟示錄	喬家楓編著	100元
91男與女的哲思	程鐘梅編譯	110元
92靈思慧語	牧　風著	110元
93心靈夜語	牧　風著	100元

國家圖書館出版品預行編目資料

住宅設計要訣／吉田春美著，李芳黛譯
——初版——臺北市，大展，民86
面；　公分——（家庭／生活；92）
譯自：家づくり・部屋づくりの急所
ISBN 957-557-748-5（平裝）

1.住宅—設計　2.室內裝飾

907　86009713

住宅設計要訣

ISBN 957-557-748-5

原 著 者／吉 田 春 美
編 譯 者／李　芳　黛
發 行 人／蔡　森　明
出 版 者／大展出版社有限公司
社　　址／台北市北投區（石牌）致遠一路二段12巷1號
電　　話／(02) 8236031・8236033
傳　　眞／(02) 8272069
郵政劃撥／0166955－1
登 記 證／局版臺業字第2171號
承 印 者／國順圖書印刷公司
裝　　訂／嶸興裝訂有限公司
排 版 者／千兵企業有限公司
電　　話／(02) 8812643
初版1刷／1997年（民86年）10月

定　　價／200元

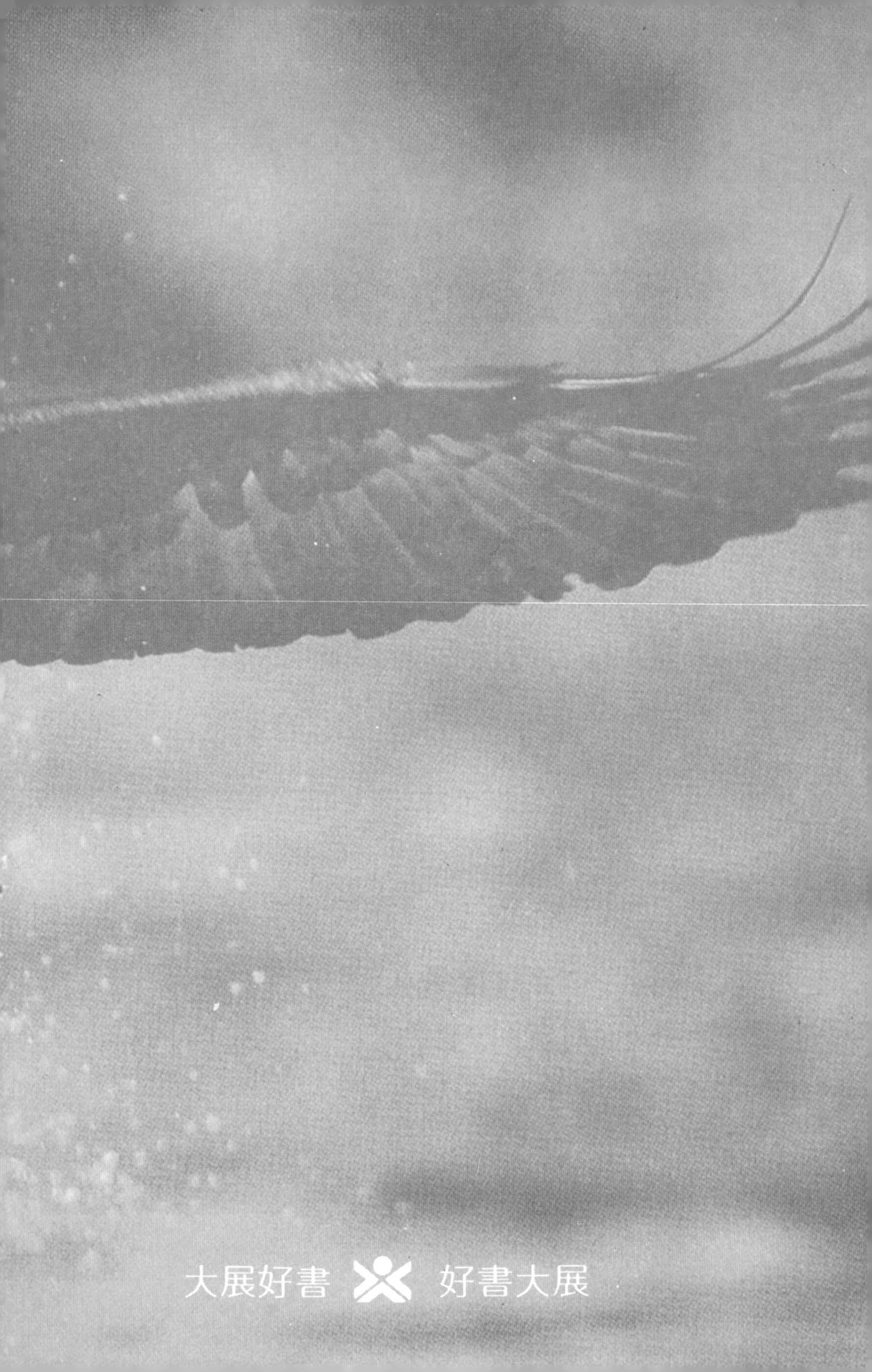
大展好書 好書大展

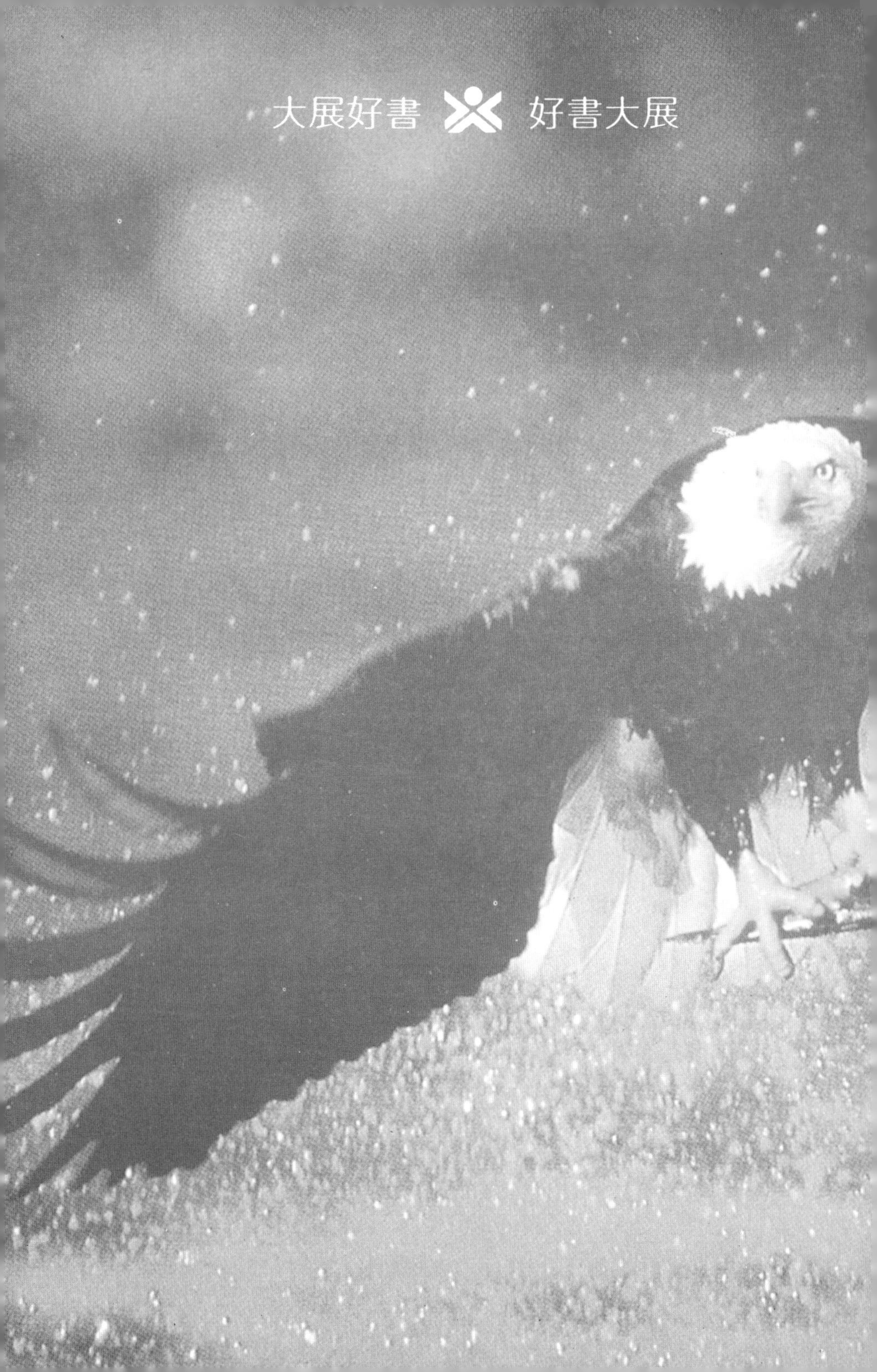
大展好書 好書大展